강단으로 가는 길

설교이야기 01
강단으로 가는 길

초판 1쇄 2016년 4월 1일
2쇄 2016년 4월 30일
3쇄 2018년 3월 30일

지은이 정창균
펴낸이 황대연
발행처 설교자하우스
주소 경기도 수원시 영통구 봉영로 1569, 506호(영통동, 뉴월드프라자)
전화 070. 8267. 2928
전자우편 1234@naver.com
등록 2014. 8. 6.

ISBN 979-11-955384-2-3
값 15,000원

ⓒ 정창균 2016

이 도서의 국립중앙도서관 출판예정도서목록(CIP)은 서지정보유통지원시스템 홈페이지(http://seoji.nl.go.kr)와 국가자료공동목록시스템(http://www.nl.go.kr/kolisnet)에서 이용하실 수 있습니다.(CIP제어번호: CIP2016000376)

강단으로 가는 길

설교자, 그 길의 시작과 끝

정창균

설교자하우스

CONTENTS

Prologue 나의 이야기

가는 길 1 어디로부터 나오는가?
from the Congregation

가는 길 2 어디로 들어가는가?
into the Word

가는 길 3 어디에 서는가?
toward the Congregation

가는 길 4 어디로 나아가는가?
to the World

가는 길 5 그 길의 끝
at the End

Prologue 나의 이야기 10

가는 길 I 어디로부터 나오는가?

회중으로부터 나오는 사람 22 •
설교자와 간증자 24 • 설교자가 된 사연 26 • 세 기둥 28 •
보이지 않는 설교자 30 • 비전 32 • 1만 시간의 법칙 34 •
바이올린 레슨 36 • 설교자가 설교입니다 40 •
기도 없는 설교 42 • 기도 부탁 44 •
설교자가 압도되어야 할 것 48 • 성공보다 성실 50 •
목숨을 걸라 52 • 제자의 배신 52 • 신성모독 57 •
잘못내린 결론 59 • 설교의 부흥 63 • 처절한 고뇌 65 •
최우선 순위 67 • 설교자의 반역 69 • 예수님을 따르는 이유 71 •
설교다운 설교 74 • 설교에서 가장 중요한 것 76 •
한 사람의 설교자를 세우기 위해 78

가는길 2 어디로 들어가는가?

말씀 속으로 들어가는 사람 86 ·
이제라도 돌아가야 할 곳 88 · 성경을 덮어버린 기독교 91 ·
하나님의 말씀 듣기를 그리워합니다 93 · **한 가지 제안** 96 ·
예배시간이 아깝고 억울한 사람들 100 · 받은 편지 102 ·
설교자에 대한 분노 104 ·
우리 손에 성경이 맡겨져 있다는 사실 106 · 목회자와 설교자 108 ·
학자의 머리와 목회자의 심장 109 ·
어느 강단에서나 들을 수 있는 말씀 110 · 생각하지 않는 죄 113 ·
절대권위 116 · 박수갈채가 아니라 말씀 118 ·
말하기 전에 듣는 자 120 · 다리놓기 123 ·
마술사의 마지막 훈수 124 · 재담이 아니라 본문말씀 128 ·
재미있는 설교와 남는 설교 130 · 강요가 아니라 강해 132 ·
성경 문맹 133 · **본문의 말씀이 듣고 싶은 사람들** 134 ·
말씀의 침묵 138 · 주해와 설교 139 · 신앙회복운동 141

가는 길 3 어디에 서는가?

회중 앞에 서는 사람 150 ·
기대에 찬 기다림 152 · 기적의 사건 155 ·
선포자 156 · 증인 159 · 청중 162 · 청중에 대한 애정 164 ·
하나님을 향한 열정과 청중을 향한 애정 166 ·
장기판의 졸이라니요 168 · 청중을 향하는 설교 172 ·
설교자에게 필요한 것 173 · 보여주는 설교와 보게 하는 설교 174 ·
청중 이해 178 · 청중의 설교 듣기 180 · 청중의 눈물 182 ·
강의와 설교 183 · 설교자의 책임 184 · 설득하는 프로 185 ·
구체적인 해석과 전달 187 · 전달되지 않은 해석 189 ·
설교자의 기도 190 · 필요를 채워주는 설교 194 ·
화내는 설교 196 · 소망을 안고 돌아가게 하라 198 ·
어려운 설교 200 · 구조대원 203 · 설교의 변절 204 ·
설교자의 절망과 소망 206

가는 길 4 어디로 나아가는가?

함께 세상 속으로 나아가는 사람 216 ·
삶의 현장에 연결된 설교 218 · 설교를 잘한다는 말 220 ·
눈에 보이는 증인 222 · 설교자를 향한 불만 225 ·
설교 못한다고 쫓겨난 목사는 없다? 227 · 구원의 증거 232 ·
순종이란 무엇인가 234 · 교회의 위력 237 · 약한 것과 악한 것 239 ·
신령한 목회자 241 · 설교자의 영성 242 · 교회로 교회되게 하라 244 ·
급한 상황에서 가장 급한 일 247 · 청중을 변화로 이끄는 설교 248 ·
관객들 249 · 개혁주의 실천가 253 · 기본으로 돌아가라 255 ·
말씀을 선포하는 사람 257 ·
금기시하는 주제들을 설교하는 용기 258 · 회개 260 · 회개 설교 262 ·
헌신 265 · 참된 평안 266 · 그리스도 없는 기독교 267 ·
건달이 되지 말고, 목회자가 되십시오 269

가는길 5 그 길의 끝

설교자로 사는 복 278 ·
말씀을 전파하라 279 · 설교자의 길 280 ·
고독한 몰입 283 · **사모님의 마무리 편치** 285 ·
이제 죽어도 여한이 없다 289 · 하나님 절대신뢰 290 ·
Stay there! 292 · **설교의 시대는 지났는가** 294 ·
가지 말아야 할 길 298 · 하나님을 두려워하는 삶 302 ·
우리 모습 돌아보기 304 · 고백 306 · 우리의 살길 308 ·
지금이라도 교회가 사는 길 311 ·
그 목사님이 지금도 감사합니다 313 ·
그 강단에는 그 설교자를 세우신 뜻 315 · 진리를 말하는 사람 320 ·
시대를 내다보는 지도자 323 · 역사에서 배우지 않는 반역 325 ·
역사의 주권자이신 하나님 329 · 영적 지도자 331 · 명의 333 ·
절망의 또 다른 얼굴 335 · 끝까지 가는 걸음 338

PROLOGUE   나의 이야기

아버지도, 나도,
설교를 잘 하는 목사가
소원이었습니다.

"설교를 잘 혀라. 목사는 설교를 잘 해야 혀. 교인들은 세상에 나가서 한 주간 내내 죽을 동 살 동 살다가 주일날 말씀 한마디 얻어듣고 다시 살아나려고 교회에 나온다. 목사의 머릿속은 주일 밤 저녁예배 끝나고 돌아서면 다시 다음 주일 설교 생각이여. 그러니 그것이 쉬운 일이 아니여. 말씀을 잘 준비해서 교인들을 먹여야 된다. 설교를 잘 혀라."

삼십 년 전, 내가 목사 안수 받은 날 저녁에 장로 아버지께서 나를 앉혀놓고 하신 말씀이었습니다. 나는 그 자리에서 결심하였습니다. "나는 정말 설교를 잘하는 목사가 되고야 말겠다!" 사실, 아버지의 그런 간곡한 당부가 아니어도 나는 정말 설교를 잘하는 목사가 되고야 말겠다고 단단히 다짐해왔던 터였습니다. 세월이 흐르는 동안, 그것은 아버지의 자식에 대한 부탁이 아니라, 말없는 모든 성도들의 간곡한 요청이라는 것을 알게 되었습니다. 목사는 설교를 잘해야 합니다. 아버지도, 나도, 설교를 잘하는 목사가 소원이었습니다.

나의 아버지는 왜정 때 김용안 목사님이란 분을 만나서 전도를 받고 예수를 믿었습니다. 아버지 17세 되던 해였습니다. 아버지

덕분에 나는 모태신앙으로 태어나 자랐습니다. 대학교 4학년이던 가을 어느 날, 나는 주님께서 목회자로 나를 부르신다는 것을 깨달았습니다. 나는 경영학도였지만, 목회자가 되기로 결심을 하고 진로를 바꾸어 신학교에 들어갔습니다.

신학생 때부터 지금까지 똑같은 소원과 결심을 세 번 했습니다. 신학교 2학년이던 어느 날 제법 규모가 있는 어느 교회의 주일 밤 예배에 참석하였습니다. 앞에서 세 번째 줄에 앉아서 예배를 드렸습니다. 부목사님이라는 분이 설교를 하였습니다. 그런데 도무지 무슨 말인지 알 수가 없었습니다. "교만한 자식. 신학교에서 몇 자 배웠다 이거지? 은혜 받을 생각은 안하고 비판만 하고 자빠져서!" 회개하는 마음으로 나를 책망하며 겸손을 갖추어 다시 듣기 시작하였습니다.

그러나 여전히 무슨 말씀을 하시는지 종잡을 수가 없었습니다. 가만히 듣다보니, 그분 자신도 자기가 무슨 말을 하는지 모르면서 하시는 것 같았습니다. 갑자기 궁금해졌습니다. 내 뒤에 앉아있는 다른 교인들은 어떨까? 흘낏 뒤를 돌아보았습니다. 아무런 기대감도 없고 생기도 없이 멍한 표정으로 앉아서 그냥 시간 가기를 기다리는 얼굴들이었습니다. 화가 났습니다. "도대체 하나님의 말씀이 이 정도밖에 안된단 말인가!" 얼굴이 화끈거리고 화가 났습니다. 나는 그 자리에서 결심하였습니다. "나는 반드시 설교를 잘하는 목사가 되고야 말겠다!" 그것이 내가 설교를 잘하는 목사가 되겠다는 결심을 한 첫 번째 계기였습니다. 그리고 3년 있다가 목사 안수를 받은 날 아버지의 말씀을 들으며 두 번째 같은 결심을 한 것이었습니다.

나는 정말 복이 많은 부교역자였습니다. 먹고 살기는 언제나 쪼들렸지만, 나를 정말 제대로 된 좋은 목사로 키워보겠다는 담임목사님 밑에서 목회를 배웠습니다. 전도사 시절부터 주일 낮 설교를 간간이 하였습니다. 주일저녁, 수요예배 설교는 일 년이면 수십 번씩 하였습니다. 설교를 그만큼 잘해서가 아니었습니다. 설교를 잘하는 목사로 나를 키우려는 담임목사님의 배려였습니다.

해가 지나가면서 희한한 일을 경험하게 되었습니다. 52킬로의 깡마르고 볼품없는 초년병 설교자인 내가 꽥꽥 소리만 질러대며 뭐라고 설교를 해대는데, 신기하게도 은혜 받았단 사람이 하나씩 나타났습니다. 말이, 표정이, 행동이, 그리고 대하는 태도가 변하는 사람이 하나씩 생겼습니다. 물론 설교를 들은 모든 사람도 아니고, 내가 설교를 할 때마다 일어나는 일도 아니었습니다. 드물게 여기서 한 사람, 저기서 한 사람씩 이었습니다. 그 모습이 하도 신기하여 나는 설교하는 목회자로 평생 살겠다고 결심하였습니다.

그리고 설교라는 것이 무엇인가 궁금하여졌습니다. 나의 외양이나 연설능력이 만들어내는 일이 아니라는 것을 최소한 나 자신은 너무나 분명히 알았기 때문입니다. 그때 이 신기한 현상을 보면서 나는 설교에 대한 신뢰와 애정을 한없이 갖게 되었습니다. 그리고 결심을 하였습니다. "나는 정말 설교를 잘하는 목사가 반드시 되고야 말겠다!" 그것이 내가 그 결심을 한 세 번째였습니다.

만 5년의 부교역자 생활을 마치고 나는 유학을 떠났습니다. 설교를 잘해보겠다는 심산이었습니다. 그래서 신약학을 공부하려던 그간의 생각을 접고 설교학을 공부하기로 뜻을 바꾸었습니다. 아무런 대책도 없이 유학을 떠나려는 나를 앉혀놓고 아버지는 한심하단 표정으로 한참동안 천장만 바라보셨습니다. 그러다가 이윽고 말씀하셨습니다. "나는 왜정 때 소학교 밖에 안나온 사람이라, 너에게 특별한 지식을 가르쳐 줄 수 없다. 나는 돈이 있는 사람이 아니니, 너에게 돈을 줄 수도 없다. 그러나 죽는 날

까지 너를 위하여 하루 두 번씩 기도는 하겠다." 석사를 마치고 잠간 다니러 온 내게 아버지는 말씀하셨습니다.

"그렇게 해오고 있다."

공부를 마치고 설교학 박사가 되어 한 교회의 담임목사로 돌아왔을 때도 아버지는 내게 분명하게 말씀하셨습니다.

"지금도 그렇게 하고 있다."

그리고 2년 뒤 갑자기 쓰러져 중환자실로 옮겨진 부활절 전 날 그 아침에도 아버지는 틀림없이 나를 위하여 기도하셨을 것입니다. 설교를 잘하는 "창균 목회자"가 되기를. 죽을 동 살 동 살다가 설교말씀 한 마디 얻어듣고 살아나려고 교회에 오는 교인들을 설교로 살려내는 "창균 목회자"가 되기를 하나님께 빌었을 것입니다. 아버지는 나를 위하여 기도하실 때는 언제나 "창균 목회자"라고 하나님께 아뢰었습니다. 아버지는 그 부활주일을 중환자실에서 보내고 3일 후 그렇게 사모하며 아침저녁으로 그 앞에 엎드리시던 하나님께로 가셨습니다. 그것이 19년 전입니다. 아버지도, 나도, 설교를 잘하는 목사가 소원이었습니다.

유학을 마치고 돌아와 내가 설교자가 되고, 준비가 됐건 안됐 건 매주일 그 시간이면 그 자리에서 설교를 해야 되는 담임목사가 되고 보니 비로소 알아지는 것이 있었습니다. 다름 아닌 바로 나 자신이 내가 그렇게 화내며 싫어했던 그 설교자라는 사실이었습니다. 내 설교를 들으며 누군가는 내가 신학교 2학년 때 어느 부목사 설교자에게 품었던 분노를 이제는 나에게 품고 앉아있을 런지도 모른다는 생각을 종종하였습니다. 때때로 말씀을 가지고 죽을 쑤는 설교자를 보면, 하나님의 말씀이 이정도 밖에 안되냐며 마치 불의의 현장을 목격한 정의의 사자처럼 화를 내기도 했던 어린 시절이 부끄러웠습니다. 세월이 지나면서, 우리 아버지의 말씀이 다 맞는 것은 아니라는 사실도 확인하였습니다. "교인들은 한 주간 내내 세상에 나가서 죽을 동 살 동 살다가 주일날 교회에 나와서 설교말씀 한 마디 얻어듣고 살아나려고 교회에 나온다"는 우리 아버지의 말씀은 언제나 맞는 말은 아니었습니다. 설교듣기를 무척이나 힘들어 하며 죽을 동 살 동 억지로 설교 한 시간을 참아주고 돌아가는 교인도 제법 많다는 사실을 안 것입니다.

사도 요한은 자기 앞에 나타난 말씀이 구석구석 일곱 인으로 봉인되어버렸다는 사실 때문에 통곡을 하였습니다. 그런데 설교자인 내게도 마치 말씀이 내 앞에서 봉인되어버린 것 같은 답답함이 수시로 찾아왔습니다. 사도 요한처럼 차라리 통곡을 해버리고 싶은 경우가 나에게도 심심찮게 닥쳐왔습니다. 때로는 나 자신도 모르는 말씀들을 늘어놓으며 죽을 쑤기도 했습니다. 어느 때는 확신에 차서 전력을 쏟았는데 정작 듣는 이들은 맨숭맨숭 딴 세상에 가 있는 것처럼 보일 때가 있었습니다. 목회를 하던 때 어느 주일인가, 나는 눈물을 글썽이며 감동적인 설교를 쏟아내었습니다. 다른 사람은 몰라도 나는 그 설교가 큰 은혜가 되었습니다. 당연히 기분이 좋았습니다. 그러나 교인들이 버리고 간 주보 한 장에는 쓸데없는 낙서가 가득하였습니다. 예배당 뒷줄에 앉아서 예배를 드리던 중학생 두 녀석은 설교시간 내내 묵찌빠를 했다는 이야기를 나중에 들었습니다.

설교자로서 나는 자주자주 좌절에 빠집니다. 사실 어느 때는 설교를 그만두고, 빚쟁이 야반도주하듯 도망가 버리고 싶기도 합니다. 웅변대회 심사 위원처럼, 아니면 국민의례 참석한 지루해하는 군중처럼 거기 그렇게 앉아 있는 교인들이 설교자의 이런 괴로움을 알기나 할까? 때로는 그들이 서운해지기도 합니다. 때때로 나는 실패하고 있는 설교자인지 모른다는 생각에 사로잡히곤 합니다. 그럼에도 불구하고 비록 탄식을 하면서라도 계속 설교자이고 싶은 것이 나의 열망입니다. 자신하건데, 이것은 이 땅의 모든 설교자들의 같은 열망이기도 합니다. 사실 이것은 우리 설교자들만의 축복이기도 합니다.

몰락기를 맞고 있다는 한국교회는 이제야말로 말씀에 집중하는 설교로 돌아갈 절호의 기회를 맞고 있습니다. 교회가 왕성하게 성장하는 부흥기에는 무엇을 하여도 사람들이 모여듭니다. 그래서 말씀을 온갖 프로그램과 행사로 대체하게 됩니다. 그러는 와중에 교회는 교회대로 교인들은 교인들대로 말씀에서 점점 멀어지게 됩니다. 지난 수십 년간 한국교회가 걸어온 길입니다. 그러나 교회가 쇠퇴기에 접어들면 신자들은 거의 본능적으로 하나님의 말씀을 듣고 싶게 됩니다. 그동안은 아무 불만 없이 잘만 들으며 지내온 자기 교회의 목사님 설교에 대하여, 성경본문을 설교하지 않는다며 불만을 품고 힘들어하는 교인들을 지금은 어디에 가나 만날 수 있습니다. 이런 점에서 보면 지금은 절대절망의 시대가 아니라, 절대소망의 시대가 시작되고 있습니다. 교회가 살아나는 길은 강단이 말씀으로 돌아가는 데서부터 시작되기 때문입니다.

어려운 말을 쉽게 할 수는 없을까? 딱딱한 내용에 감동이 곁들이게 할 수는 없을까? 이것은 교회에서는 설교를 하고, 학교에서는 강의를 해야 하는 내가 늘 씨름해온 고민이었습니다. 그것이 정말 중요한 내용이라면 어려운 문장과 전문적인 용어들을 쏟아내지 않고도 누구에게나 통할 수 있어야 한다는 나의 소신 때문이었습니다. 그리고 그것이 그렇게 가치가 있는 것이라면 사람을 감동시킬 수 있어야 한다는 나의 철학 때문이었습니다. 중요한 내용을 쉽고 감동적으로! 이 책은 그 고민에서 나온 나의 작은 시도입니다.

아버지도, 나도, 설교를 잘하는 설교자가 소원이었습니다. 그러나 이제 나의 소원은 이 나라 강단 이곳저곳에서 설교를 잘하는 설교자들을 보는 것입니다. 그것은 설교자하우스의 소원이기도 합니다. 우리 아버지가 나를 위하여 그러셨던 것처럼, 이제는 내가 이 나라 강단에 설교를 잘하는 목회자들이 나타나기를 위하여 하루에 두 번씩 기도라도 해야겠습니다.

가는 길 1

어디로부터 나오는가

설교자는 회중으로부터 나온다

회중으로부터
나오는 사람

설교자는 하늘에서 내려오는 사람이 아닙니다.
뒷문으로 갑자기 등장하는 사람도,
옆에서 느닷없이 끼어드는 사람도 아닙니다.

설교자는 회중으로부터 나오는 사람입니다.
그 자신이 회중으로 살던 사람이고,
그래서 회중을 잘 아는 사람입니다.
회중도 강단에 선 그가
전혀 낯설지 않은 사람입니다.

그 교회의 설교자는
그 교회 교인 가운데서
나와야 한다는 말이 아닙니다.

설교자는 신앙 공동체가 무엇인지,
신앙이라는 이름으로 이루어진 그곳에 담겨있는
구원의 긴 이야기와

회중이라는 정체성으로 그들이 엮어가는 긴 사연이
익숙한 사람입니다.

회중도 신앙공동체라는 정체성으로 보고 들을 때
강단에 서 있는
그가 하는 말과 사고방식과 사는 모양이
전혀 낯설지 않은 사람입니다.

설교자는
회중으로부터 나오는
사람이어야 합니다.

설교자와 간증자

전과 36범이 예수 믿고 구원 얻는
극적인 은혜 체험을 한 것은 참으로 귀한 일입니다.
그러나 그런 은혜 체험이
그가 당연히 목회자의 길을 가는 것이 맞는
명분일 수는 없습니다.

30년 이상을 주지 스님으로 살아오다
어느 날 예수님을 만나고
구원받은 신자로 사는 것은 참으로 기막힌 은혜입니다.
그러나 그 체험이
그가 강단에서 설교하는 목회자가 되는 것이 정당한
근거가 될 수는 없습니다.

전과가 있는 사람이나 주지 스님 출신은
목회자가 될 수 없다는 말이 아닙니다.

아주 오래 전 36범 출신이라는 분의 설교를 들으면서
배운 것은,

사람이 악을 행하는 기상천외한 방법이
얼마나 다양하고, 스릴 넘치는 일인가였습니다.
수십 년 주지 스님 출신 목사님의 설교를 들으면서
확인한 것은
불교의 가르침 가운데도 기독교의 성경과 같은 내용이
저렇게나 많구나 하는 것이었습니다.

설교는 이런 것이 아닙니다.

돌아다니며 자기가 받은 은혜 체험을 간증하는 것과,
강단에서 하나님의 말씀을 들고 회중을 책임지는
설교자가 되는 것은
전혀 다른 차원의 일이라는 것을 알아야 합니다.

설교자가 된 사연

설교자는 스스로 걸어 나온 사람이 아닙니다.
그는 성령에 의해 불려내진 사람입니다.
그는 그럴 만해서 된 사람이 아닙니다.
우리 주님의 긍휼을 입어서 된 사람입니다.

사도 바울이 설교자가 된 자신을 바라보며 번민하다가
마침내 쏟아내는 고백이 바로 그것입니다.

"나는 비방자요, 박해자요, 폭행자였습니다.
나는 죄인 중의 괴수였습니다.
나는 사람 앞에 설 때 두려워 떨었습니다.
내가 능력이 있어서가 아니라,
나를 능하게 하셔서 된 일이고
내가 충성되어서가 아니라,
나를 충성되다 여겨주셔서 된 일입니다.
내가 자원해서가 아니라,
내게 복음 전할 직분을 맡겨주셔서 된 일입니다.

내가 설교자가 된 것은
성령의 나타나심으로,
능력으로,
우리 주의 은혜가 넘치도록 풍성하여,
내가 도리어 긍휼을 입어서.... 된 일입니다."

결국 자신의 의도나 자격과 상관없이
하나님의 긍휼과 은혜가 만들어낸 결과라는
고백입니다.
그러므로 그는 설교자로 사는 동안
언제나 그 마음이었습니다.

"나의 달려갈 길과 주 예수께 받은 사명
곧 하나님의 은혜의 복음 전하는 일을 마치려 함에는
나의 생명을 조금도 귀한 것으로
여기지 아니하노라!"

진정한 설교자라면 어느 순간에도
이 사실을 부인할 수 없을 것입니다.

세 기둥

설교자는 언제나 본문과 청중이라는
두 대상을 동시에 향하여 서 있습니다.
청중의식 없이 끝까지 본문만 향하여 있는 사람은
수도사일망정 설교자는 아닙니다.
본문이해 없이 끝까지 청중만 향하여 있는 사람도
연설가일망정 설교자는 아닙니다.

그러므로 설교자는 언제나
본문에 대하여는 해석을,
청중에 대하여는 전달이라는
이중적 책임을 걸머져야 합니다.
해석은 본문의 코드를 풀어서
그 뜻을 알아내는 것이고,
전달은 청중의 코드로 만들어서
그 뜻을 알려주는 것입니다.

이 말은 설교의 내용이 본문으로부터 나온 것이어야
하고, 설교의 목표가 청중을 향하여야 한다는
말이기도 합니다.

결국 "해석"과 "전달"은 설교가 존재하기 위한
두 기둥입니다.
전달되지 않는 해석은 무용지물이 되고,
본문의 해석에 근거하지 않는 전달은
감언이설이 됩니다.

이 두 책임을 가장 충실하게 그리고
가장 효과 있게 수행하는 것이
그를 불러내신 하나님에 대한 책임입니다.
그리고 그것이 하나님에 대한 충성입니다

여기에 이 모든 것이 가능하게 할 뿐 아니라,
설교가 효과 있게 하는 또 하나의 기둥이 있습니다.
성령입니다.
성령은 보이지 않는 설교의 주체입니다.

결국 설교는 해석과 전달, 그리고 성령이라는
세 기둥에 의하여 이루어지는
신적 행위입니다.

보이지 않는 설교자

성령은 설교의
보이지 않는 주체(invisible agent)입니다.

설교가 가능하게 할 뿐 아니라,
설교가 효과 있게 하는 절대적인 주체입니다.
성령은 설교의 모든 과정과 단계에
주도적으로 간여합니다.

성령은 소명으로 설교자를 강단으로
불러냅니다.
그리고 조명으로 설교자를 본문 속으로
끌어들입니다.
성령은 설교자의 입과 청중의 귀에
"능력 부으심(empowering)"의 역사로
설교 진행의 과정에 간여합니다.

그리고 삶의 현장에서 설교자와 청중에게
말씀이 생각나게 하고
순종하게 하는 능력을 부으심으로
설교의 주체로 활약합니다.

성령이 우리의 설교가 가능하게 하시고,
효과 있게 하시고,
설교의 목적이 실현되게 하시는 주체입니다.

그러므로 성령과 친밀하게 지내는 것은
설교자에게 생명처럼 중요합니다.

비전

비전은 구호가 아닙니다.
비전은 바라보고 있고 외우고 있으면
그대로 이루어지는
마술도 아닙니다.

비전은 오늘의 우선순위를 그것에 맞추게 하는
엄한 명령이고,
오늘 하루의 삶을 그에 맞게 살게 하는
혹독한 절제입니다.

그러므로 비전은 부푼 꿈을 품는 낭만이 아니라
살을 도려내는 수고입니다.

세계적인 등산가가 되겠다면서 강가에 앉아 낚시만
하고 있을 수는 없는 것 아닙니까? 축구 선수가 되겠
다면서, 수영장에서 종일을 보낼 수는 없는 것
아닙니까?

그러므로 비전을 가진 사람은 이곳저곳을
기웃거리는 것이 아니라,
한 곳에 몰입하는 사람이요,
군중에 싸여 휩쓸리는 것이 아니라,
홀로 외로움을 견디며 한 길을 가는 사람입니다.

"장소가 어디가 되든지, 규모가 얼마가 되든지, 내가 서는 강단에서는 하나님의 말씀의 능력을 나타내는 설교자가 되겠다!" 는 비전이, 오늘 우리의 우선순위와 생활방식에 아무런 통제력을 발휘하지 않는다면,
그것은 비전이 아니라,
한낱 부푼 꿈일 것입니다.
그리고 꿈은 꿈일 뿐입니다.

비전은 우리의 희생과 수고를 먹으며
이루어져 갑니다.

> 겁주자고 겁 없이 하는 말이 아니라,
> 격려하고 힘내자고 하는 말입니다.

1만 시간의 법칙

한 분야에서 진정한 전문가가 되고,
탁월한 능력자가 되기 위해서는
1만 시간의 연습이 필요하다고 합니다.
이것을 1만 시간의 법칙이라고 합니다.

1만 시간은 하루에 세 시간씩
10년 동안 쏟아 부어야 채워지는 시간입니다.

이 법칙이 맞는다면,
설교를 위하여 매일 세 시간씩 투자하기를
10년 동안 계속한다면 10년 후 우리는 틀림없이
그야말로 탁월한 설교전문가가 될 것입니다.

솔직히,

우리는 탁월한 설교전문가가 되기에는
너무 게으른 설교자들이 아닌지 모릅니다.

바이올린 레슨

설교자에게 설교는 한 주일의 사역임과 동시에 평생토록 해야 하는 장기사역이기도 합니다. 그러므로 설교자는 자신의 설교를 하루 벌어 하루 먹는 날품팔이와 같이 해서는 안됩니다. 설교를 잘하는 설교자가 되기 위한 장기 전략이 필요합니다. 그런데도 우리는 다음 주일 설교를 어떻게 잘 할 것인가에만 급급한 나머지, 설교를 잘하는 설교자가 되기 위하여 장기적인 안목에서 구비해야 할 중요한 일들은 소홀히 여기는 경향이 있습니다.

신학적인 안목과 사고력을 기르는 책들을 지속적으로 읽는 것은 다음 주일의 설교를 잘하는 데 직접적이고 즉각적인 도움을 주지는 않을 수 있습니다. 그러나 장기적으로 우리 설교의 체질을 건전하고 능력 있게 하는 데 아주 중요한 역할을 합니다. 사람을 이해하는 책을 지속적으로 읽는 것, 해석의 원리들을 다룬 책들을 꾸준히 읽는 것, 때로는 예수님처럼 모든 바쁜 일정을 접어두고 훌쩍 현장을 떠나 아버지와 깊은 교제를 나눔과 동시에 자유로운 생각의 여유를 누리는 것, 다음 주일 설교 본문과 관계없이 꾸준히 성경을 연구해 나가는 것 등이 이러한 설교자의 장기 전략에 속할 수 있습니다. 물론 이런 일들은 주일설교를 마무리해야 되는 금요일이나 토요일에 할 수 있는 일들은 아닙니다. 그래서 어떤 이들은 이러한 책들을 "월요일의 책"이라고 말하기도 합니다. 다음 주일 설교 준비에 대하여 다소 여유가 있는 월요일에는 이러한 책들을 지속적으로 읽어야 된다는 말이기도 합니다.

나의 둘째 딸 아이는 초등학교 시절에 잭 드벳이라는 교수님에게 바이올린 레슨을 한동안 받았습니다. 내가 유학하고 있던 학교에서 우연히 알게 된 유명한 교수님이었습니다. 부모가 언제나 아이의 레슨에 동석할 것이 그분의 조건이었습니다. 그래서 내가 언제나 우리 아이를 데리고 가서 레슨 시간 내내 같이 앉아 있곤 하였습니다. 그 교수님은 레슨이 끝나면 우리 아이 노트에 다음 올 때까지 집에서 연습해야 할 과제를 기록하여 주시곤 하였습니다. 그 과제 가운데는 특이한 것이 있었습니다. 왼손으로 해야 할 과제와 오른손으로 해야 할 과제입니다. 스콰시 볼을 쥐고 엄지손가락을 제외한 네 손가락으로 계속 누르는 것이 왼손으로 해야 할 과제였습니다. 그리고 1파운드짜리 아령을 들고 교수님이 가르쳐 준 방법대로 하루에 15분씩 아령 운동을 하는 것이 오른손으로 해야 할 과제였습니다. 교수님은 언제나 이 과제를 제대로 했는지 확인한 다음에야 레슨을 시작할 정도로 이것을 중요하게 여겼습니다.

나는 바이올린 연주와는 전혀 관계가 없어 보이는 이러한 엉뚱한 과제를 내주는 바이올린 교수님의 의도를 한참이 지난 후 그분의 설명을 듣고서야 이해하였습니다. 왼손의 스콰시 볼은 순간순간 현의 정확한 위치를 짚어야 되는 손가락의 힘을 기르기 위해서였습니다. 오른손으로 하는 다양한 방식의 아령 연습은 순간순간 활 움직이는 방법을 바꾸어 가며 음악을 연주해야 하는 오른 팔뚝 해당 근육의 힘을 기르기 위한 것이었습니다. 이것은 지금 연습하고 있는 다음 연주회 곡을 뛰어나게 연주하는 것과는 직접적인 관계가 없는 문제입니다. 악보를 펴놓고 특정 부분을 어떻게 해석할 것인가, 어떤 감정을 담아 어떤 테크닉으로 연주할 것인가는 별도로 가르쳤습니다. 스콰시 볼과 아령 과제는 특정한 곡의 연주를 만드는 과정이 아니라, 바이올린 연주자를 만드는 과정이었습니다. 그 교수님은 우리 아이를 단순히 다음 연주회에서 지금 연습하고 있는 곡을 멋있게 연주해야 되는 아이로만 보고 있는 것이 아니라, 앞으로 평생 바이올린을 잘 연주하는 연주자가 되어야 할 사람으로 보고 키워가고 있었던 것입니다.

바이올린 연주자에게 다음 연주회 곡과 관계없이 기본 기량을 키우기 위한 장기 전략이 있듯이, 우리 설교자들에게도 점점 더 나은 설교를 하는 설교자가 되기 위한 장기전략이 있어야 합니다. 다음 주일의 설교를 잘 해내는 것과 관계없이 평생을 두고 지속적으로 수행해나가는 장기 전략이 있어야 합니다.

설교자가 설교입니다

설교자하우스를 만들어 운영해온 것이
벌써 17년째입니다.
이제는 졸업생 하우스, 일반 목회자 하우스를 합하여
적잖은 단체가 되었습니다.

설교에서는 "설교자"가 가장 중요하단 나의 철학과,
설교자는 소수가 긴 세월을 반복적으로
한 집에서 같이 살듯이 함께 지내면서 만들어지는
것이란 신념을 표방하여
"설교자하우스"라 하였습니다.

설교가 그러하니 설교자가 그런 것이 아니라,
설교자가 그러하니 설교가 그런 것입니다.
설교자는 설교 제조기가 아니라,
설교 자체입니다.

그러므로 좋은 설교자 되기에 치열해야 합니다.

"차라리 설교하지 말라!"고 당당히 글을 기고하며

소리치는
한 평신도에게

우리는 화를 내기 전에
부끄러워해야 합니다.

그리고
　우리의 설교가 신뢰받을 만한 설교자가 되는 일에
　　　　　　　　　　치열해야 합니다.

기도 없는 설교

"기도를 많이 하시오!" "예"
"기도를 많이 해야 돼!" "예"
"기도를 많이 하라구!" "예"

졸업사은회 마치고 줄지어 서서
마지막 인사를 드리는 자리에서
박윤선 목사님은 제 손을 놓지 않고
연거푸 말씀하셨습니다.

"정말 기도를 많이 하는 목사가 되고야 말겠다!"
자리에 돌아와 부끄러움에 화끈거리는 얼굴을 감싸고
그렇게 결심했습니다.

"기도 없이 하는 모든 신학 활동은
결국 헛것이다!"
유학중 접했던 바르트의 이 한 문장의 충격을
나는 지금도 잊지 못합니다.

기도가 쏟아부어지지 않은 설교는
설교자를 단순한 말쟁이로 전락시킬 뿐입니다.
말씀을 펴놓고
설교자가 가장 먼저 쏟아부어야 할 것은
기도입니다.

설교자는 펜을 들기 전에
먼저 무릎을 꿇어야 하고,
청중에게 입을 열기 전에
먼저 하나님께 입을 열어야 합니다.

기도 없이 하는 모든 설교는 결국 헛것입니다!

기도 부탁

사도 바울이 에베소교회 교인들에게 간곡히 부탁한
기도의 제목은 그것이었습니다.

"또 나를 위해 기도해 주십시오.
내가 입을 열 때마다
하나님께서 내 입에 말씀을 주셔서,
아무 두려움 없이
복음의 비밀을 담대하게 전할 수 있게 해달라고
기도하십시오."(엡 6:19)

설교자가 교인들에게
설교를 위하여 기도해달라고 애원이라도 하는 것은
전혀 부끄러운 일도 아니고,
권위가 손상되는 일도 아닙니다.

설교가 무엇이며, 어떻게 가능하게 되며,
어떻게 능력을 발휘하게 되는가를 안다면,

설교자가 자신의 설교를 위하여 할 수 있는
최후의 수단은 사도 바울처럼,
"하늘과 땅에 있는 각 족속에게 이름을 주신
아버지 앞에 무릎을 꿇고 비는" 것 외에는
다른 방법이 없다는 것을 인정할 수밖에 없습니다.

그러므로 설교자는 한편의 설교를 위하여
자신이 필사의 기도를 할 뿐 아니라,
설교를 들을 교인들에게도
설교를 위하여 기도하기를
강청해야 합니다.

설교의 생명은 성령에 있고
성령은 우리의 기도를 통하여 역사하신다는 것은
부인할 수 없는 사실입니다.

자기는 매 주일 기도의 소나기를 맞으며
강단에 오른다는 미국의 설교자가
한없이 부러운 적이 있었습니다.
그는 설교가 시작되기 전에
한 곳에 모여 설교자를 위하여 전력으로 기도하는
50명 이상의 기도그룹을 운영하고 있었습니다.

기도의 소나기를 맞으며 강단에 오르는
설교자의 설교에 은혜의 소나기가 내리지 않는다면
오히려 이상한 일일 것입니다.

가장 지혜로운 설교자는 교회 안에
자기들이 들을 설교를 위하여,
자기들에게 설교할 설교자를 위하여,

열렬하게 기도하는 기도꾼들을 확보하는
설교자입니다.

설교자를 위한 기도가
교인들의 일상이 되게 하십시오.
그 일에 전념하는 기도그룹을 운영하십시오.

그것이 능력 있고 효과 있는 설교의
숨은 비밀입니다.

기도가 쏟아 부어지지 않은 설교는
설교자를 단순한 말쟁이로 전락시킬 뿐입니다.

설교자가
압도되어야 할 것

설교자가 하나님의 영광과
하나님에 대한 경외심에 압도되지 않으면
설교를 그만두고 현장을 떠나게 되든지,
아니면 자신의 돈벌이를 위하여 설교하게 된다는
존 파이퍼의 말은 백번을 생각해도 맞는 말입니다.

설교자가 하나님의 영광과
하나님에 대한 경외심에 압도되지 않으면
하나님의 이름을 스스럼없이 멸시하고
하나님을 더럽히는 행동을 상습적으로 하게 됩니다.

이것이 바로 말라기 선지자가 통렬히 비난하는
구약역사의 끝자락에 서 있는 당시 제사장들의

치명적인 문제였습니다.
그것은 바로 이 시대 우리들의
치명적인 문제이기도 합니다.

우리 설교자들이 하나님의 영광과,
하나님에 대한 거룩한 두려움에 압도되지 않은 채
강단과 목회 현장을 설치고 다닌다면
우리야말로 가장 위험한 사람들입니다.

성공보다 성실

어느 해인가 졸업을 앞둔 제자 한 사람이 울면서 전화를 걸어왔습니다. 기도원에서 저녁에 기도를 하다가 문득, 설교자로서 너무나 부족한 자신의 모습에 자꾸 눈물이 나고 답답해지면서 말씀을 가르쳐주신 선생님 생각이 나더라는 것입니다. 그러면서 연신,
"저도 말씀을 능력 있게 잘 전하는 설교자가 될 수 있을까요?"
하고 되물었습니다.

저는 그 제자의 넋두리 반 하소연 반처럼 들리는
울음 섞인 말들을
한 동안 말없이 들어주었습니다.
저도 그런 고민과 두려움으로
여러 밤, 오랜 세월을 뒤척인 사람이라
그 제자의 마음이 잘 이해되었습니다.
그러다가 그 열정이 한편으로는 고맙기도 하고,
한편으로는 염려스럽기도 하여 조용히 한 마디를
건넸습니다.

"성공적인 설교자가 되려고 초조해하지 말고,
성실한 설교자가 되려는 마음을 가지세요.
한번 한번의 설교에 모든 힘을 쏟는
성실한 설교자가 되려는 마음으로 나가다 보면
말씀의 능력을 나타내는 설교자가
어느 덧 되어가지요!"

설교자에게 우선 필요한 것은
성공보다는 성실입니다.

성실한 설교자가 되십시오.
한번에 세상을 떠들썩하게 하는
스타 설교자를 꿈꾸지 마십시오. 대신,
설교에 자신의 모든 것을 쏟아 넣는
성실한 설교자가 되기를 힘쓰십시오.

목숨을 걸라

이 가수가 노래하는 것을 볼 때마다,
나는 설교자로서 여러 도전을 받습니다.

가족을 먹여 살려야 하는데
혼혈이라는 이유로 일자리를 얻을 수 없을 때,
돈을 준다는 말에 가수를 시작했다 하였습니다.
그리고는 "노래로 도를 터보겠다"는 생각으로,
노래 연습에 매진하며 살았다 하였습니다.

이제는 많은 사람이 그의 노래에 감동을 받으며
서슴없이 이 시대 최고의 가수라고 인정합니다.

자기의 노래 한곡을 발표하기 위하여
녹음했다 지웠다를 3년 동안 반복하고
드디어 음반을 낸다는 다른 가수의 말을 들은 적도
있습니다.

한편의 설교를 위한 치열함이 없는 것이
어쩌면 오늘날 우리 설교자들의 치명적인
문제일 것입니다.
강단에 서려고 하는 사람들에게는 치열하고 혹독한
자기 연단의 과정이 필요합니다.

설교로 도를 터보겠다는 집념 하나로
설교에 몰입하는 멋쟁이 설교자 어디 없을까요?

30년도 더 전에 들었던
박윤선 목사님의 절규에 가까운 말씀이 가슴에
사무칩니다.

"설교 한마디 하기 위해서 준비하느라고 그야말로
쓰러질 정도가 되어야 하지 않겠습니까?

설교 한마디가 얼마나 귀합니까?
이것은 사람을 죽은 가운데서 살려내는 말씀인데
우리는 아무래도 이 사실을 의심할 수가 없는데
이러한 귀한 것을 내 것으로 삼기 위해서는
생명을 버릴 만큼 노력하는 것이 아까운 것입니까?

내가 주님의 말씀 한마디를 바로 전하고 옳게 전하고
남들이 듣고 살도록 전하기 위해서 준비하다가
생명을 잃었다면 어쩝니까?
그것이 아까운 일입니까?
그것이 옳지 않은 일입니까?"

설교를 제대로 하기 위하여 목숨을 걸라는 것 외에
다른 말씀이 아니었습니다.

제자의 배신

신학교에서 가르치는 것이 신나는
가장 큰 이유는 그들이 단순히 한 사람이 아니라,
한 교회라는 사실 때문입니다.
신학생 열 명을 제대로 가르쳐내면,
제대로 된 열 교회가 서는 것입니다.

그러나 때로 신학교에서 가르쳐온 것이
비참하게 되는 것은
한 사람이 나가서 한 교회를 망쳐놓는 소식을
들을 때입니다.
선생을 잘못 만난 탓이 크겠지만,
그래도 선생으로 살아온 마음은 미어집니다.

얼마 전에도 제법 깊이 알고 지냈던 제자 한 사람이
부목사로 있던 교회에 씻을 수 없는 상처를 남기며
교인들 여러 명을 챙겨서 따로 교회를 세우고
다른 교단으로 소속을 옮겨갔단 소식을 들었습니다.

길바닥에 나 앉아 나물을 캐어다 팔아
연명하는 한이 있어도
그런 짓은 해서는 안되는 일인데....
학교에서 배운 정신이 이것이라는 것을 모를 리
없건만
그는 배운 바를 버리고 그 짓을 하였고,
그의 선생이었던 나는
또 그렇게
배신을 당하였습니다.

그가 교인들을 따로 챙기려고
얼마나 열심히 말씀을 들먹였을까를 생각하면
마음이 한없이 허탈해집니다.

신성모독

설교로는 목회가 안된다니
그러면 무엇으로 목회가 된다는 말입니까?
그 경우의 목회란 무엇을 두고 하는 말입니까?

혹시 설교를 "강단의 연설"로만 생각하는 건
아닌가요?

설교로는 사람을 변화시킬 수 없다니
그러면 무엇으로
사람을 변화시킬 수 있단 말입니까?
그 경우의 사람의 변화란
무엇을 두고 하는 말입니까?

혹시 "나는 그래도 설교 하나는 잘 하고 있다"고
생각하는 건 아닌가요?

우리는 설교를 너무나 아무것도 아닌 것으로 여기는
죄를 범하고 있습니다.

설교가 무엇인가를 안다면,
설교를 아무것도 아닌 것으로 여기는 그것은
또 하나의 신성모독입니다.

잘못내린 결론

설교는 기적입니다. 하나님께서 인간에게 말씀하시는 사건이기 때문입니다. 이 사건을 통하여 임재하시는 하나님과 그 앞에 서는 백성이 맞닥뜨리는 기적이 일어납니다. 설교자에게 설교는 영광입니다. 하나님께서 친히 하셔야 될 일에 사람이 쓰임 받고 있기 때문입니다.

그러나 한편으로 설교자에게 설교는 고뇌이기도 하고, 부담이기도 하고, 때로는 좌절의 늪이기도 합니다. 그래서 어떤 이들은 설교 한 편 하는 것을 아이 하나를 출산하는 것에 비유하기도 하였습니다. 교회 성장에 대한 압박감, 설교자로서 자신에 대한 무력감, 아무리 외쳐대도 미동도 하지 않는 청중에 대한 서운함 등등... 설교자는 여러 방면에서 고뇌와 회의와 좌절을 경험하며 살아갑니다. 이러한 현실적 고민이 너무 힘들어서 때로는 설교에 대하여 비판적인 입장을 취하게 되기도 합니다. 설교자들이 취하는 비관적인 반응은 대개 세 가지로 요약됩니다. 설교에 대하여, 자기 설교에 대하여, 그리고 청중인 교인에 대하여 취하는 반응입니다.

첫째는, "설교로는 안된다"는 것입니다. 설교자가 설교에 대하여 이런 결론을 내리고 나면 그 다음에 따라오는 행동은 자명해집니다. 설교를 대체할 "잘 먹히는 프로그램이나 이벤트 찾아 나서기"를 시작하는 것입니다. 이벤트 회사 같은 교회에, 연예인 같은 설교자가 되고 있다는 한국교회를 향한 비판은 그래서 생긴 것입니다. 어느 잘된 프로그램도, 혹은 멋진 이벤트도 설교를 대체할 수 없다는 사실을 알아야 합니다.

둘째 반응은, "내 설교로는 안된다"는 것입니다. 설교자가 자기 설교에 대하여 이렇게 결론을 내리면, 그는 필연적으로 "잘된 남의 설교 베끼기"에 나서게 됩니다. 어떤 경우에도 다른 사람의 설교를 편집하거나 혹은 그대로 베껴서는 안된다고 말할 수는 없습니다. 그러나 상습적으로 다른 사람의 설교로 나의 설교를 대신하는 것은 비양심적일 뿐 아니라, 비열한 일이기도 합니다.

이제 막 개척을 시작한 어느 교회 홍보 전단지에 "우리 교회에 오시면 ○○○목사님의 설교를 위성중계로 매주 들으실 수 있습니다"라고 돋보이는 글씨체로 선전해 놓은 것을 본 적이 있습니다. 그 교회가 내세우는 ○○○목사님은 한국에서 가장 뛰어난 설교자 가운데 한 분으로 인정받는 유명한 목사님이었습니다. 이 분은 그 밑에서 부목사를 했다는 것이었습니다. 우연한 기회에 실제로 그 교회 앞을 지나가게 되었습니다. 아담하게 잘 지어진 건물 정면에 홍보 전단지와 똑 같은 문구를 대문짝만하게 쓴 현수막이 걸려 있었습니다. 이제 막 목회를 시작하는 젊은 목사가 시작부터 인기 있는 남의 설교 뒤에 숨어서 그 덕을 보는 손쉬운 목회를 하려는 것 같아서 마음이 아팠습니다.

설교자들이 나타내는 세 번째 부정적인 반응은, "이 사람들로는 안된다"는 것입니다. 청중에 대한 극단적 회의입니다. 설교자가 청중에 대하여 이런 결론을 내리면 그는 마음에 깊은 상처와 원한을 품게 됩니다. 그리하여 목회가 안되는 모든 책임을 교인들에게 돌리게 됩니다. 그리고는 지금 책임지고 있는 교인들에 대한 애정을 버리고 이곳저곳 다른 곳을 기웃거리게 됩니다. 이 사람들과는 다른 좋은 교회 어디 없을까 하고 마음의 방랑을 하는 것입니다.

그러나 우리는 알아야 합니다. 설교는 하나님이 친히 말씀하시는 기적의 사건이며, 우리가 설교자인 것은 한없는 영광이고, 하나님은 우리 교인들에게는 나를 통하여 말씀하시기를 원하신다는 사실을 알아야 합니다.

설교의 부흥

교회가 자꾸만 없어지고 있습니다.
남아있는 교회들도
예배가 자꾸만 없어지고 있습니다.
주일 밤 예배를 없애는 교회가 늘어가고,
수요 예배도
다른 것으로 대체하는 교회가 늘어갑니다.

이래저래 설교자에게는 설교할 기회가,
교인들에게는 설교를 들을 기회가
자꾸만 없어져 갑니다.

이렇게 설교는 점점 쓸모없는 것이 되고 있습니다.
그러나 사실은 설교할 곳이 없어져 가니
설교가 쓸 데 없는 것이 되는 것이 아닙니다.
쓸모없는 설교가 난무하니
결국 설교할 곳이 없어지는 결과가 온 것입니다.

그러므로 설교할 곳이 점점 없어져 가는 이 시대에
가장 시급한 것은

설교의 부흥입니다.

교회의 부흥이란 사실은 말씀의 부흥입니다.
그리고 말씀의 부흥을 이루는 근본적인 주체는
우리의 설교입니다.

설교를 무엇으로 대체해야 하는가를 고민하지 말고,
오히려 설교의 부흥을 위하여
더욱 몸부림쳐야 합니다.

처절한 고뇌

"누님, 이젠 소리로는 먹고살기 힘든 세상이여!
괜히 쓸데없는 짓하다가 골병들지 말고 관두란
말여! 그까짓 소리허면 쌀이 나와 밥이 나와!"

"뭐여? 야 이놈아 쌀 나오고 밥 나와야만 소리허냐
이놈아?
지 소리에 지가 미쳐가지고 득음(得音)을 허면은
부귀 공명보다도 좋고 황금보다도 좋은 것이
이 소리판이여 이놈아!"

나는, 아들과 아버지가 (어린 딸을 사이에 두고)
그렇게 맞서는
영화 서편제의 그 장면을 또 그리고 또 보았습니다.

살아내야만 하는 현실의 아픔과
추구하는 가치를 향한 치열함 사이의 처절한 고뇌를
아들과 아버지는 각각 그렇게 토해내고 있었습니다.

나는 그 대사를 받아 적었습니다.

"소리" 대신 "설교"를 그 자리에 넣어도
딱맞아 떨어지겠단 생각이 떠나지 않았기 때문입니다.

"설교로는 목회하기 힘든 세상이여!"
"야 이놈아 쌀 나오고 밥 나와야만 설교허냐
이 놈아?"
"부귀 공명보다도 좋고 황금보다도 좋은 것이
이 소리판이여 이놈아!"

최우선 순위

설교는 단순히 주일 예배의 30분 짜리
순서 하나에 그치는 것이 아닙니다.
설교는 단순히 목사의 수많은 일 가운데
한 항목인 것이 아닙니다.
설교를 제대로 하기 위하여 진력하는 설교자는
삶과 사역의 곳곳에서 그 정신이 배어나게 되고,
그것이 자신과 교인들에게 은혜가 되어
교회에 활력을 불어넣게 됩니다.

설교가 예배의 성패를 좌우하고,
설교가 목회자의 모든 사역을 좌우합니다.
설교에 은혜 받지 못하니
교인이 모이지 않고 오히려 떠나갑니다.
설교에서 하나님의 말씀을 듣지 못하니
교인들이 세상일에 사로잡혀 영적인 일에
무관심하게 됩니다.

하나님의 말씀을 내려놓고 우리가 할 수 있는 일이란
하나님을 점점 더 크게 반역하고,

교회를 점점 더 깊은 수렁에 몰아넣는 것 외에
아무 것도 없습니다.

우리가 전하는 하나님의 말씀이
사람을 살리고, 교회를 살리고,
하나님의 백성을 복되게 할 것이라는 사실을
우리는 포기하지 않아야 합니다.

이 시대의 모든 설교자들을 향하여,
다시 한 번 용기를 내어
서로를 격려하고 설교에 진력하면서
강단에 불려내진 설교자의 길을 흔들리지 말고 가자고
눈물을 흘리며 권합니다.

설교자의 반역

이 시대의 가장 큰 문제는 교회가 어두워진 것이고,
교회가 어두워진 가장 심각한 원인은
말씀을 제대로 설교하지 않은 강단에 있습니다.
이것은 다름 아닌 강단의 변절입니다.
그리고 그 모든 책임의 한 가운데
설교자가 있습니다.

설교자가 말씀을 제대로 선포하지 않거나,
말씀을 임의로 바꾸어 말하거나,
말씀보다 다른 것을 더 중요하게 여기는 것은
반역입니다.

말씀의 주인이신 하나님에 대한 반역이요,
말씀을 기다리는 회중에 대한 반역이요,
말씀의 사역자인 자신에 대한 반역입니다.

설교자의 반역이
오늘날 강단이 죽은 가장 큰 원인입니다.

설교자는 말씀에 목숨을 거는 사람입니다.
하나님의 말씀을 선포하는 설교자의 특권과 영광을
우리는 어떤 대가를 지불하면서라도
어떻게든 회복하고 누려야 합니다.

예수님을 따르는 이유

큰 무리가 예수님을 에워싸며 따르고 있었습니다.
그 사회의 주목 받는 스타로 부상한 것입니다.

서기관 한 사람이 결단을 하며 나섰습니다.
"선생님이 어디로 가시든지 저는 따르겠습니다!"
예수를 따른다면 한 몫 잡을 수 있겠다는 계산이 선
것이지요.

예수님이 꿰뚫어보시고 대답하셨습니다.
"여우도 굴이 있고, 공중의 새도 거처가 있지만,
나는 머리 둘 곳이 없다!"
예수님을 따르면 한 몫이 아니라,
여우보다도 궁하고
새보다도 불안정한 삶을 살아야 한다는 말씀인
것이지요.

말귀가 밝은 그 서기관은 얼른 포기하고 돌아갔을
것입니다.

그런데 오늘 날 이 나라의 설교자들 가운데
어떤 이들은
예수님을 팔아서라도 어떻게든 한 몫 챙기려는 듯
포기하고 돌아가지도 않고,
교회 안팎에서 쏟아지는 욕설들을 늠름하게 견디며
여전히 잇속 챙기기에 몰입하고 있으니
참으로 답답하고 두려울 뿐입니다.

예수님을 따르겠다고 결단하고 나서는 이유가
무엇인지
이제는 분명히 해야 합니다.
주의 종이라며 대우받고,
한 몫 챙겨서 편한 생활 보장 받으려는 것이면,
그 서기관처럼 빨리 말귀를 알아듣고 예수님 곁을
떠나야 합니다.

예수님을 따르기 위해서라면
여우보다도 궁하고
새보다도 불안정한 삶을 살아도 좋단 각오가 아니면
예수님을 따라서는 안되는 것입니다.

오늘도 날씨는 여전히 살벌합니다.
겨울이니까요.

설교다운 설교

설교는 신학의 한 과정을 마치기만 하면
그 후에는 저절로 되는 것이 아닙니다.
성경을 많이 읽기만 하면
그 다음에는 자동적으로 되는 것이 아닙니다.
유명한 설교자의 특강 몇 번 듣고 나면
저절로 그 사람처럼 설교하게 되는 것도 아닙니다.

말씀 앞에서,
그 말씀을 들어야 되는 청중 앞에서,
그리고 그 말씀의 주인이신 하나님 앞에서,
끊임없이 쏟아내는 고뇌와 몸부림을 통하여
설교다운 설교는 비로소 이루어집니다.

그리고 소위 "설교자"란
평생 그 고뇌를 복으로 알고 기쁨으로 감당하겠다고
결단하고 나선 사람들입니다.

설교자로서 할 필요가 없는 일,
해서는 안되는 일에
우리는 너무 많은 시간과 정력과 은사를
허비하고 있습니다.

그러므로 오늘날 설교자들이 무엇보다도
우선적으로,
그리고 심각하게 고민해야 할 문제는
"나는 설교자로서 무엇을 해야만 하는가?"가
아닙니다.

오히려,
"나는 무엇을 그만두어야만 하는가?" 입니다.

설교에서 가장 중요한 것

설교에서 가장 중요한 것은 설교자입니다.
본문은 설교자의 해석을 통해서 청중에게 말합니다.
성령은 설교자를 통하여 역사하십니다.
그리고 회중은 설교자가 말할 때에만 들을 수
있습니다.

한국사회의 교회에 대한 모욕과 비난이
거의 설교자들에게 집중되어 있는 것은
우연한 일도 아니고,
억울한 일도 아닙니다.

모든 책임은 우선적으로,
그리고 최종적으로,
설교자에게 있습니다.

설교자는 회중으로부터 나온 사람이면서
회중과는 다른 신분으로 그들 앞에 서는 사람입니다.

그는 성령의 부르심을 받은 사람이요,
손에는 하나님의 말씀을 든 사람이요.
그리고 회중과 함께
삶의 현장으로 나아가는 사람입니다.

제대로 된 신학에서 나온 현실 인식.
치열한 고민을 통하여 나오는 깊이 있는 말씀.
하나님과 그의 백성인 교인들에 대한 사무치는 애정.
그리고 강단에서 설교한 대로 살기 위하여
몸부림치는 현실에서의 삶.

이것들이 씨줄이 되고 날줄이 되어
드디어 제대로 된 설교자 하나가 만들어집니다.
제대로 된 설교자라야 제대로 된 설교를
드디어 할 수 있습니다.

> 설교에서 가장 중요한 것은
> 설교자입니다.

한 사람의 설교자를 세우기 위해

훌륭한 설교자는 어느 날 갑자기 태어나는 것이 아닙니다. 어느 날 눈 떠보니 지난 밤 사이에 유명한 설교자가 되어있는 자신을 발견하는 식으로 되는 것이 아닙니다. 훌륭한 설교자는 오랜 시간을 두고 끊임없이 형성되어 가는 것입니다.

평생을 설교자로 살겠다며 강의를 듣는 신학생들에게 내가 종종 권하는 말이 있습니다. "사례비를 많이 주는데 설교할 기회가 없는 교회와, 사례비가 너무 적어서 생활이 안되는데 설교할 기회는 많은 교회가 있으면 빚을 얻어서 먹고 살망정 설교할 기회가 많은 교회로 가라. 빚은 언젠가 갚으면 되지만, 설교할 기회는 그때 지나면 그만이다." 담임 목사님들에게 강의를 할 때면 종종 드리는 부탁이 있습니다. "이 나라 교회를 위하여 설교자를 양성한다는 사명감으로 부교역자들이 강단에서 설교할 기회를 자주 주십시오."

그러나 어떻게 해서든지 교인들이 은혜를 받게 하고 싶은 담임 목사의 입장에서는 그것이 쉬운 일은 아닙니다. 부교역자들의 설교가 못미더울 뿐만 아니라, 실제로도 누가 들어도 엉터리 같은 설교를 할 때가 자주 있기 때문입니다. 더욱 어려운 것은 부교역자들이 자주 설교하는 것을 교인들도 싫어한다는 사실입니다. 담임목사가 설교를 하지 않는 예배에는 교인들이 알아보게 적게 나올 뿐만 아니라, 설교에 대한 기대도 크게 갖지 않습니다. 때로는 노골적으로 항의성 불만을 털어놓기도 합니다. "아무래도 목사님만 어림없어요. 목사님 설교처럼 은혜가 되지는 않아요." 목사님에 대한 칭찬 같지만, 사실은 "부교역자 시키지 말고 목사님이 설교하시라"는 압력입니다.

나도 담임목회 할 때 부교역자들을 자주 강단에 세우는 것에 대하여 몇 번 그런 식의 항의를 받은 적이 있었습니다. 그 뒤 나는 서너 번에 걸쳐서 교인들에게 공개적으로 선언을 하였습니다. "어느 분들은 우리 교회 부교역자님들의 설교가 담임목사인 저의 설교만 같지 않다고 말씀하십니다. 그 말씀에 저는 매우 자존심이 상합니다. 15년 이상을 설교해 온 저의 설교와 이제 막 설교를 시작하는 그분들의 설교를 맞비교하여 제 설교가 낫다고 하다니요. 그분들의 15년 후의 모습과 지금 저의 모습을 비교하여 말씀하면 제가 받아들이겠습니다. 확신하건데, 15년 후의 그분들의 설교는 지금 저의 설교보다 훨씬 더 좋은 설교일 것입니다. 지금 여러분이 그나마 저의 설교를 들을 수 있는 것은 저의 애송이 설교자 시절을 참아 주고 기다려 준 그 교회 그 교인들이 있었기 때문입니다. 지금은 다소 만족스럽지 않아도 기대를 가지고 열심히 들어주면서 기다려주십시오." 그 후로 우리 교회에서는 누가 설교를 하든지 그런 말을 하지 않게 되었습니다. 누가 설교를 하든지 저절로 은혜가 된다는 말이 아닙니다. 누가 설교를 하든지 미래를 내다보며 기다려 주는 마음을 갖는다는 말입니다.

설교자는 어느 순간에 갑자기 태어나는 것이 아닙니다. 설교자는 설교 현장에서 오랜 세월을 두고 만들어져 가는 것이고, 자라가는 것입니다. 그러므로 담임목사들은 설교에 대하여 이중적인 책임을 지고 있습니다. 첫째는 자신의 설교를 잘해야 할 책임입니다. 둘째는 함께 일하는 부교역자들을 설교를 잘하는 목회자로 키워야 할 책임입니다. 그것도 하나님의 나라와 그의 백성을 위하여 담임목사가 해야 할 아주 중요하고 가치 있는 일입니다. 부교역자들도 머지않아 어느 곳에서인가 한 교회의 역사를 책임져야 할 사람들이고, 그들이 해야 할 중요한 일 가운데 하나는 설교를 잘하는 것이기 때문입니다. 설교할 기회를 자꾸 주는 것이야말로 교회를 책임질 설교자로 그들을 키우는 가장 확실한 방법 가운데 하나입니다.

예수님을 따르기 위해서라면
여우보다도 궁하고
새보다도 불안정한 삶을 살아도 좋단 각오가 아니면
예수님을 따라서는 안되는 것입니다.

가는 길 2

어디로 들어가는가

설교자는 말씀 속으로 들어간다

말씀 속으로
들어가는 사람

한편의 설교를 위하여 설교자는 본문을 열어놓고
하나님이 말씀하시기를 기다립니다.
그 기다림은 기대와 두려움에 찬 떨림이기도 합니다.

그러나 때로는 기다리는 하나님이 침묵하시고,
열리기를 기대하는 말씀이
일곱 인으로 봉인된 것처럼 닫혀있음을 경험합니다.

마음이 답답하고, 가슴이 타들어가다,
끝내 깊은 좌절에 빠져듭니다.
닫힌 말씀 앞에서 사도 요한처럼 통곡을 하기도 합니다.

그러나 사실,
설교자가 누리는 심장을 파고드는 즐거움은
바로 이 통곡 속에 감추어져 있다는 사실은
통곡하는 설교자들은 다 아는 비밀입니다.

닫힌 말씀을 놓고 쏟아내는 통곡을 통하여
드디어 말씀이 열리고, 눈이 열리고, 마음도 열리고,
끝내는 세상도 열리는 것을 경험하기 때문입니다.

그러므로 설교자는 무엇보다도 말씀 속으로
들어가야 합니다.
말씀이 일곱 인으로 봉인된 것처럼 닫혀있을 때에도
통곡을 하면서라도 말씀 앞에 있어야 합니다.
그리고 마침내 그 속으로 들어가야 합니다.

회중으로부터 나온 그가 설교자이기 위하여
가장 먼저 해야 할 일은
말씀이 열리기를 갈망하는 통곡과 함께
말씀 속으로 들어가는 것입니다.

이제라도
돌아가야 할 곳

성경을 읽어보고 싶은 열심이
국문공부 운동이 일어나게 하였습니다.
성경을 배우고 싶은 열정이
"사경회(査經會)"라는 이름의
성경공부운동을 일으켰습니다.

평양의 사경회에 참석하기 위하여 교인들은
압록강 변에서 300리 길을 걸어서 왔고,
전라도의 목포, 무안에서 걸어오기도 하였습니다.
어떤 자매는 머리에 쌀자루를 이고 걸어서 왔고,
다른 이들은 거기에다 아이들까지 업고 왔습니다.

그리고 그들의 손에는 손때 묻고 닳아빠진
성경책을 갖고 있었습니다.

서양 선교사들은
"성경을 사랑하는 이들(Bible Lovers)"이라는
별명으로 한국의 신자들을 본국에 알렸습니다.

그 혹독한 신사참배와
공산주의의 핍박을 버텨낸 것도,
세계가 주목하고 부러워했던 한국 교회의 성장도,
초창기부터 성경을 체계적으로 가르치는
성경 중심의 교회로 세워졌기 때문이었습니다.

그러나 언제부터인가
배부르고 등 따신 시절을 즐기면서,
우리는 어느덧 성경 말씀을 강단 밖으로,
그리고 교인들의 등 뒤로 던져버렸습니다.
능욕이 넘치는 오늘의 교회 현실은
그렇게 해서 닥쳐온 것입니다.

이제라도 우리가 다시 시급히 돌아가야 될 곳은
그러므로 성경입니다.
그리스도께서
밧모섬에 갇힌 사도를 찾아와 하신 말씀대로,

말씀을 읽는 것과, 듣는 것과,
그 가운데 기록한 것을 지켜 행하는 것이
말세를 살아가는 복입니다.

성경을 덮어버린 기독교

성경이 제 목소리를 내지 못하는 설교가
보편화되고 있습니다.
성경을 아예 사용하지 않기도 하고,
성경을 잘못 사용하기도 하고,
성경을 남용하기도 합니다.

교회는 다양한 행사를 진행하는
행사장이 되고 말았습니다.
다양한 공연을 하는
공연장이 되고 말았습니다.
강단은 대중적 인기를 얻고 싶은 연설가들의
경연장이 되고 말았습니다.

한국에 온 초창기 선교사들은 한국교회를 가리켜
"성경기독교"라고 불렀습니다.
신자들을 가리켜서는
"성경을 사랑하는 사람들"이라고 불렀습니다.

그러나 지금 한국기독교는 "성경기독교"가 아니라,
"성경을 덮어버린 기독교"라는 비판을 받고 있습니다.

한국기독교는 다시
"성경기독교(Bible Christianity)"로 돌아가야 합니다.

신자들은 다시 "성경을 사랑하는 사람들(Bible Lovers)"
로 돌아가야 합니다.

강단은 다시 "성경을 말하는 곳(Bible Pulpit)"으로
회복되어야 합니다.

하나님의 말씀 듣기를 그리워합니다

설교를 시작하기 전에 본문을 봉독하는 것은
이 말씀을 설교하겠다는
청중에 대한 공적인 약속입니다.
본문 말씀은 설교를 시작하는
도약대(jumping board)로만 사용하고,
그 다음은 그만인 설교는 약속 위반입니다.

그런 설교를 계속 들은 의식 있는 청중은
돌아서서 못마땅한 표정 지으며
설교 들을 다른 곳을 찾느라,
읽은 성경을 말해줄 다른 설교자를 찾느라
두리번거립니다.

그래서 오래 다닌 그 교회를 떠나
이 교회로 왔다는 사람을
얼마 전에도 만났습니다.

깨어있는 교인들은
여전히 하나님의 말씀 듣기를 그리워합니다.
교회가 쇠퇴기에 들어서면 역설적이게도
교인들은 성경을 듣고 싶어 합니다.

한국교회는 지금 그 상황을 맞고 있습니다.

어느 장로님의 대학생 아들이
예배를 마치고 돌아가는 차 속에서 물었습니다.
"아빠, 그런데 우리 목사님은 설교하기 전에
왜 성경을 읽으세요?"
목사님을 비난하고 싶어서가 아니었습니다.
그 아들은 정말 그것이 궁금했습니다.

한 가지 제안

설교는 무엇보다도 본문 말씀을 선포하는 것입니다. 이러한 설교의 본질에 입각하여 한국교회 설교 현실을 살펴볼 때, 근래의 한국교회 설교가 보여주고 있는 압도적인 현상은 설교의 말씀 이탈이라고 할 수 있습니다. 설교에서 성경이 제 목소리를 내지 못하거나 급기야는 성경을 설교의 기본 텍스트로 삼지 않은 설교가 등장하고 있습니다. 성경을 아예 사용하지 않기도 하고(disuse), 성경을 잘못 사용하기도 하고(misuse), 성경을 남용(abuse)하기도 합니다.

설교의 본문 이탈을 부추기는 중요한 요인 가운데 하나는 "말씀만으로는 안된다"는 말씀에 대한 왜곡된 인식입니다. 말씀만으로는 안된다는 말은 그 안에 여러 가지 이유를 담고 있습니다. 그러나 명분이 무엇이든 그러한 생각의 근저에 자리 잡고 있는 것은 말씀의 충족성에 대한 불신입니다. 사도 베드로는 이곳저곳으로 흩어져서 현실적으로는 핍박받는 나그네의 고된 삶을 살아가는 그 시대의 신앙인들에게 여전히 말씀이 최고라고 강조하고 있습니다. 거듭나게 된 것도, 영혼을 깨끗하게 한 것도, 형제를 사랑하는 것으로 요약된 이 땅에서의 신자다운 삶을 살 수 있는 근거도, 다 말씀으로 말미암아 된 것이라고 사도는 단언합니다. 그 말씀은 살아있고 항상 있으며 세세토록 있으며, 이 말씀이 우리의 모든 것이라고 강조합니다. 말씀만으로는 안되니 현실적인 필요를 위해서 이런저런 다른 것들을 붙잡으라고 말하지 않습니다. 사실은 현실이 어려울수록 더욱 살아있고 항상 있는 하나님의 말씀을 최우선에 놓고 집착하는 데로 나아가야 한다고 말하고 있습니다.

해마다 여름이 오면 수련회나 캠프를 준비하느라 쩔쩔매는 사역자들을 보며 그 열정에 고마운 마음과 그 힘들어하는 모습에 안타까운 마음이 동시에 나를 사로잡곤 합니다. 적은 예산으로 어떻게 해서든지 아이들이 많이 모일 수 있는 재미있고 기발한 프로그램들을 준비하려고 이리 뛰고 저리 뛰는 모습들이 때로는 너무 안쓰럽기도 합니다. 그러나 지금 한국 사회에서는 손가락으로 꼽을 수 있는 몇몇 초대형 교회들을 제외하고는 어느 교회도 아이들이 교회 밖 어디에선가 누리는 재미보다 더 재미있는 프로그램을 교회 안에서 제공하여 아이들을 교회 안으로 끌어들이는 것은 거의 불가능합니다. 재정적으로도 불가능하고,

인력으로도 불가능합니다. 단순히 재미있기 위해서라면 아이들이 굳이 교회 수련회에 올 이유가 없는 상황입니다. 많은 아이들이 재미는 자기들만 통하는 다른 곳에서 누리고 있다는 사실을 알아야 합니다.

오래 전부터 교육부서 사역을 하는 제자들에게 간간이 권면하는 것이 있습니다. 담임 목사님과 진지하게 말씀을 나누어 모험을 해보기로 서로 의기가 투합하면, 교육 부서 수련회를 성경 수련회 혹은 성경 캠프로 운영해보라는 것입니다. 어차피 재미있는 것으로 아이들의 기대나 현실을 충족시키지 못할 것이라면 게임, 오락, 체험 등은 다른 곳에서 즐기라고 하고, 교회 수련회에서는 2-3일 동안 오직 성경만을 집중적으로 가르치고 나누고 발표하고 그리고 힘을 다하여 기도하는 방식으로 진행하라는 것입니다. 물론 이렇게 하기 위해서는 담임 목회자의 결단과 부서 담당 교역자의 치열한 기도 준비와 교재 준비 그리고 말씀 준비가 필수적입니다. 그런 식으로 수련회나 캠프를 진행하기에는 아이들이 아직 너무 어리다고 말하는 것은, 우리가 우리의 아이들을 너무 무시하고 있기 때문입니다. 그것은 나아가서 말씀의 주인이신 성령님을 무시하는 것이기도 합니다. 우리에게 맡겨진 아이들을 놀이의 아들과 딸이 아니라, 성경의 아들과 딸로 키워야할 책임이 우리에게 있습니다.

시도해보니 아이들이 의외로 성경공부를 좋아하고 은혜를 받는 다는 보고를 간혹 듣곤 합니다. 초등학생들이 그렇게 열심히 성경을 배우고 그렇게 깊이 기도할 수 있다는 사실에 깜짝 놀랐다는 보고를 들은 적도 있습니다. 각 교육부서에서 "다니엘서 성경 수련회", "요한복음 성경캠프"등으로 이름 붙인 수련회나 캠프로 여름 행사를 바꾸는 운동을 제안하고 싶습니다. 그리고 목회현장에서도 이제는 앞에 "특별"자를 붙인 무슨 무슨 집회나 이벤트보다는 차라리 "출애굽기 성경집회", "하박국서 사경회" 등으로 이름 붙여진 성경 집회로 교회 행사들을 진행하는 운동을 제안하고 싶습니다. 이벤트 준비와 프로그램 진행을 위하여 쏟는 그 열정과 그 헌신과 그 수고를 말씀 연구와 준비와 실천에 쏟을 수만 있다면 이런 캠프나 집회도 반드시 성공할 수 있을 것입니다. 내가 목회할 때 이 생각을 못하고, 이런 캠프를 시도해보지도 못한 것을 나는 지금도 후회합니다.

결국은 하나님의 말씀이 우리를 살린다는 진리를 무시하지 않아야 합니다. 사도 베드로의 말씀처럼, 우리를 살리는 "살아 있고 세세토록 있는"것은 하나님의 말씀이라는 사실을 잊지 않아야 합니다.

예배 시간이 아깝고
억울한 사람들

설교가 성경을 말해주지 않아 들을 것이 없어서,
예배 시간에 앉아 있는 한 시간이
아깝고 억울한 사람들이 의외로 많습니다.

"회사에 가면 매일 듣는 그 말을 듣자고
매 주일 교회에 와야 돼?"

대형 교회의 젊은이 몇이 예배 후 둘러앉아
그렇게 투덜거린다는 말을 들었습니다.

"성경 외의 세상의 다른 일들은
우리가 훨씬 더 전문가입니다.
목사님들은 제발 성경을 말씀해주세요."

장로님 한 분이 부목사들을 불러내어
비싼 저녁을 사주시며
간곡히 부탁하더라는 이야기를
제자 목사님에게 들었습니다.

받은 편지

"다른 것 말고, 본문이 말하는 것을 정확히,
그 의도를 일깨워 주는 설교를 들으면,
가슴이 뛰고, 설교 시간 내내
가슴이 후끈 거리는 것을 느낍니다.
그런데 그것을 기대하는 것은
너무 큰 사치라는 생각을
종종 하게 되었습니다.

누가 되었든 간에 설교하시는 분을 원망하고 싶은
생각은 절대 없습니다.
지나보니까 그것은 나한테만 손해가 되더군요.

원망을 하고 싶다면,
도대체 신학교에서는 그 중요한 설교에 대해
무엇을 가르쳐왔나,
어떻게 교육해왔나 하는 것입니다.

아무쪼록 우리나라의 설교에 대해
새로운 교육을 여는 교수님이 되시기를
이 나라 교회의 교인의 한 사람으로서
간절히 바랍니다."

40대 초반의 국립대 교수라는 분에게서 받은
편지였습니다.

설교자에 대한 분노

강남의 이름난 초대형 교회에서 예배를 마치고
나오는 길이라며
주일 오후에 한 젊은 친구가 걸어온 전화를 받았습니다.
그 친구는 심한 말로 그 교회 설교자에게 욕설을
퍼부었습니다.
불평으로는 모자라는 듯 씩씩 거리며 분노를
쏟아내었습니다.

내가 한 설교도 아니고,
내가 가르친 설교자도 아니었지만
설교를 가르치는 교수라는 죄로
그 친구의 좌절에 찬 분노를
내가 다 떠맡아야 했습니다.

"성경이나 차근차근 말하지,
종교 연설도 아니고 정치 연설도 아니고,
뭐 그런 설교가 있어요?
그런 것이 무슨 설교냐고요!
차라리 내가 해버리고 싶었어요!"

이 젊은이에게 나는   미안 했습니다.
그리고 나도   화가 났습니다.

우리의 손에
성경이 맡겨져 있다는
사 실

우리의 손에 성경이 들려져 있다는 것은,
사실은 얼마나 엄청난 영광인지 모릅니다.
그러나 우리가 성경을 해석할 때,
사실 우리는 얼마나 위험한 일을 하고 있는 것인지
모릅니다.

꼭 신사에 참배하고,
꼭 로마 황제 앞에서 그리스도를 부인하는 것만
배교인 것은 아닙니다.
더 치명적인 배교가
내가 서는 강단에서 더 쉽게 일어날 수 있습니다.

성경을 들고 성경을 말하지 않을 때,
성경을 읽어주고 내가 하고 싶은 딴소리를 해댈 때,
사실상 우리는 배교를 하고 있습니다.

우리의 손에 성경이 맡겨져 있다는 사실에
설교자는 전율해야 합니다.

한국교회 강단에서
말씀의 회복과 부흥을 보기를 고대합니다.

목회자와 설교자

목회자는 사람을 책임지는 일에
인생을 걸겠다고 나선 사람입니다.
그런데 사람을 책임지는 일의 본질과 핵심은
말씀사역입니다.
그리고 목회자의 말씀사역의 주된 내용은 설교입니다.

결국 목회자는 본질적으로 설교자이고,
설교자는 목회자입니다.

필립스 브룩스의 말대로,
목회자가 아닌 설교자는 그 마음이 메말라 가고,
설교자가 아닌 목회자는 그 사람됨이 시시해집니다.

학자의 머리와 목회자의 심장

설교자는
학자의 머리와
목회자의 심장을
동시에 가져야 합니다.

학자의 머리에는
하나님의 말씀을 정확히 알아내고 싶은
열망이 불타고,
목회자의 심장에는
청중을 하나님의 심정으로 품고 싶은
애정이 끓어오릅니다.

교인들은,
 이런 설교자에게 설교 듣는 것을
 복스러워합니다.

어느 강단에서나
들을 수 있는 말씀

설교자가 본문에서 지금까지 아무도 말한 적이 없는
새롭고 심오한 메시지를 해보려고 하는 것은
아주 위험한 일입니다.

우리가 하는 설교 메시지는 어느 교회에서나,
어느 설교자를 통해서나
여전히 들을 수 있는 말씀이어야 합니다.

내가 목회를 하는 동안 설교 강단에서
교인들에게 가끔씩 했던 말은 이것이었습니다.

"만일 언젠가, 우리 목사님의 설교에는
다른 어느 곳에서도 들을 수 없는
새롭고 심오한 말씀이 있다는 생각이 들기 시작하거든
곧바로 와서 나에게 말씀해주셔야 합니다.
어쩌면 그때 나는 이단이 되고 있는지 모르기
때문입니다.

어느 강단에서나 들을 수 있는 말씀들을
나에게서도 들어야 합니다."

그 본문으로 다른 설교자들이 한 번도 말한 적이 없는
새롭고 희한한 말씀을 하려는 야심을 품는 것은
위험할 뿐 아니라, 망령된 일이기도 합니다.

본문을 놓고 우리가 고민해야 할 것은
따로 있습니다.
이 본문이 말하는 사실(fact)이 무엇이고,
그 사실이 말하고자 하는 의미(meaning)가 무엇이며,
그 사실을 그 의미로 말하는
우리를 향한 의도(intension)가 무엇인가를
알아내려는 고민입니다.

그러므로 본문을 건성으로 읽고
대충 말하는 식으로 설교하는 것은

무책임이고,
불성실이고,
결국   직무 유기 입니다.

생각하지 않는 죄

열 정탐꾼이 똘똘 뭉쳐
가나안에 올라가면 다 죽는다고
그렇게 핏대를 올리며 유세를 할 때

백성들이 잠간만 멈추어서 생각을 해봤어도
그 말은 사실이 아닐 수 있고,
우리는 저들에게 속고 있다고 판단할 수 있었을
것입니다.

최소한,
그것은 하나님이 출애굽 이후 지금까지
우리에게 하신 말씀을
완전히 뒤집는 말이라는 사실은 금방 알 수 있었을
것입니다.

그러나 그들은 "저들이 우리의 밥"이라는 두 사람의
말이 아니라,
우리는 "저들 앞에 메뚜기"라는 열 사람의 말에

마음을 주었고,
그래서 저녁 내내 초상집의 곡을 하며
모세를 향하여 자기 자신들을 향하여
그리고 하나님을 향하여
그 험악한 말들을 거침없이 쏟아내었습니다.

너희가 내 귀에 들려 준 대로 하겠다는
하나님의 결정을 따라
그들은 광야에서 다 죽어야 했습니다.
꿈을 향한 행진의 역사는 40년이 지연되고,
그들은 40년 동안 평균 잡아 매일매일
80-90명이 죽어나가야 했습니다.

생각하지 않는 것은 죄입니다.
하나님의 말씀에 비추어 판단하지 않는 것은
죄입니다.

설교자는 자기의 말을 하기 전에,
말씀 속으로 들어가
듣고, 생각하고, 고뇌하는 사람입니다.

그리고

청중으로 하여금 하나님의 말씀에 따라
스스로 생각하고 판단하며 살도록
이끄는 사람입니다.

절대권위

절대 권위를 절대 거부하는 포스트모던 시대이므로
권위를 내세우거나 권위의 냄새를 풍기는 설교를
피하는 것이
이 시대를 사는 청중에 대한 민감한 대처이며,
현대 교회에서 살아남는 설교의 비결이라는 주장은
영리한 전술인 것 같기는 하지만,
전혀 맞는 말은 아닙니다.

감정으로는 권위를 부정하고 거부하면서도
본능으로는 어디인가, 누구인가,
불안한 자신을 의존하고 싶은
초월적 절대적 권위를 갈급해하는
현대인의 이율배반적 욕구를 몰라서 하는 말입니다.

오늘날 서구의 많은 사람들이 개신교를 버리고
천주교나 정교회로 이동하고 있는 것은,

그곳에서 하나님의 신비로우심과 위엄에 찬
종교적 권위를
듣고 느낄 수 있기 때문이라는 분석이
전혀 근거 없는 낭설은 아닙니다.

절대 권위를 본질로 하는 하나님과 그의 말씀을
어떻게 권위가 느껴지지 않도록 전한단 말입니까?

그 자체가 절대 권위인 것을
권위 없는 담화로 바꾸는 것은 불가능합니다.

박수갈채가 아니라
　말　씀

한 설교 전문 잡지의 뒷 표지 전면을 장식하고 있는
어느 목사님의 "스피치"라는 제목의 책 선전은
충격적이었습니다.
"기립박수가 쏟아지는 강단에 서고 싶다면…."
이라는 선전문구와 함께
오바마, 잡스, 윈프리의 이름이 나열되고 있었습니다.

설교자는 자기에게 청중의 기립 박수가 쏟아지게
할 양으로
강단에 서는 것이 아닙니다.
아니, 그래서는 안됩니다.

나에게 기립박수를 보내게 할 양이 아니라,
하나님께 합당한 자로 살게 할 양으로 강단에 서야
합니다.

대중적인 인기를 얻으려는 대중연설가들의
경연장처럼 되어버린 오늘날의 강단은
우리 시대 한국교회의 커다란 비극이며
심각한 문제입니다.

강단에 서는 설교자들은 두려움으로 생각과 태도를
고쳐 가져야 합니다.
하나님의 보내심을 받아,
하나님의 말씀을 듣고,
하나님의 백성 앞에 서는 자의
기본으로 돌아가야 합니다.

지금 우리에게 필요한 것은
박수 갈채를 받는 인기(人氣)가 아니라,
다시 기본으로 돌아가는 인고(忍苦)입니다.

다시 돌아가야 할 그 기본의 핵심은
"말씀"입니다.

말하기 전에 듣는 자

설교자의 설교 준비실에서 일어나지 않은 사건은
주일 강단에서도 일어나지 않습니다.

설교자가 순종하지 않은 말씀을
청중이 순종하는 일은 없습니다.
설교자가 은혜 받지 않은 말씀을
청중이 은혜 받는 일은 없습니다.

그러므로 설교자는 무엇보다도 먼저
자기 자신에게 설교하는 사람이어야 합니다.
그리고 무엇보다도 먼저
자기 자신이 듣는 사람이어야 합니다.

정신없이 자신의 말을 쏟아내던 입을 이제 다물고
파수대의 보초병처럼 눈을 열고 귀를 열어
하나님이 무어라 하시며,
하나님이 어떻게 움직이시는가에
모든 것을 집중해야 하는 사람은
그 옛날의 선지자 하박국만이 아닙니다.
바로 오늘의 우리들입니다.

우리는 사실 말을 너무 많이 쏟아내고 있는 것인지도
모릅니다.
그리고 너무 까불고 있는 것인지도 모릅니다.

설교자는 말하기 전에 먼저 듣는 자입니다.
본문으로부터 듣고,
또 청중으로부터 들어야 합니다.

본문은 하나님이 펼쳐내신 하나님의 말씀이고,
청중은 하나님이 불러내신 하나님의 백성입니다.

설교자는 이 둘 사이에 서 있습니다.
그는 이 둘 사이에 다리를 놓는 자입니다.
이 둘 사이에 다리를 놓기 위하여

        설교자는 먼저 듣는 자가 되어야 합니다.

다리 놓기

설교자의 다리 놓기는
본문에서 만나는 "낯선 신세계"와
청중이 살아가는 "지금 이곳"의 세계를
연결하는 것입니다.

이것은 청중을 일으켜 하나님 앞에 세우는 것이며,
청중으로 하여금 말씀을 통하여 임재하시는
하나님을 경험하게 하는 사건입니다.

그런 점에서 설교는 신비이기도 하고
기적이기도 합니다.
바로 이것이 설교자는 본문을 단순히
하나의 텍스트로만 대해서는 안되는 이유입니다.

본문은 텍스트이면서 동시에 계시이고,
이야기이면서 동시에 경전이라는
사실을 알아야 합니다.

마술사의 마지막 훈수

설교가 설교자의 삶(life)이 아니라 직업(job)이 되고, 목숨을 걸고라도 감당하는 소명(calling)이 아니라, 맡았으니 해내면 되는 책임(responsibility) 정도에 머무르게 되면 그것은 큰 일입니다.

상당히 오래전이었습니다. 어느 엿장수 청년의 인생역정을 소개하는 TV 프로그램을 우연히 보았습니다. 이 청년은 전업 엿장수로 살려고 마음을 먹었습니다. 그리고는 프로 엿장수로 살아가기 위해서는 마술이 필수라는 생각을 하였습니다. 그래서 마술을 배우려고 마술사를 찾아갔습니다. 몇 번을 거절당하면서도 거듭거듭 찾아가서 사정한 끝에 결국 마술사의 문하생이 되었습니다. 한 달여 동안을 넘어지기도 하고, 다치기도 하면서 강훈련을 하여 마침내 마술을 전수 받았습니다. 모든 과정을 마치고 드디어 떠나는 날이었습니다. 마술사 스승은 엿장수 제자를 앉혀놓고 기가 막힌 마지막 한마디를 남겨주며 자기의 문하를 떠나보내는 것이었습니다.

"네가 즐겁지 않으면 보는 사람도 즐겁지 않다!"

소림사 고수 사부가 문하생을 드디어 세상으로 하산시키는 엄숙한 장면을 보는 것 같았습니다.

이 마지막 한마디가 내 가슴을 후비고 들어왔습니다. "설교자 자신에게 일어나지 않은 일은 청중에게도 일어나지 않는다!" 이것은 설교학 박사가 되겠다고 6년 동안 고생고생 하면서 연구하여 얻은 나의 설교학의 중요한 결론 가운데 하나였습니다. 그런데 그 마술사는 한 달 동안의 전수를 끝내고 장마당으로 돌려보내는 엿장수 제자에게 그 말을 하고 있었습니다. 그것은 설교학의 원리가 아니라, 사람이 살아가는 원리였던 것입니다. "네가 즐겁지 않으면 보는 사람도 즐겁지 않다!"

데살로니가교회 교인들은 바울이 전하는 말씀을 사람의 말이 아니라 하나님의 말씀으로 받았습니다. 그 사실은 우리 설교자들에게 큰 부러움입니다. 그리고 교인들에게 그들을 본받으라고 몰아붙이는 근거이기도 합니다. 그러나 우리는 알아야 합니다. 그 교회 교인들이 바울이 전하는 말씀을 그렇게 하나님의 말씀으로 받은 것은, 그들이 도덕적으로 뛰어나거나, 예의 바른 청중이거나, 남다른 영성이 있는 교인들이어서가 아니었습니다. 그 말씀을 전하는 바울이 자기가 전하는 말씀을 하나님의 말씀으로 여기는 것을 본 데서부터 시작되었다는 사실을 간과해서는 안됩니다.

그 이후로, 엿장수 문하생을 떠나보내는 마술사 스승의 마지막 훈수가 강단에 설 때마다 문득문득 떠오르곤 합니다.

"네가 즐겁지 않으면 보는 사람도 즐겁지 않다!"

그리고 그 말은 이렇게 바뀌어 귓가를 울리곤 합니다.
"네가 은혜 받지 않으면 듣는 사람도 은혜 받지 않는다!"
"네가 순종하지 않으면 교인들도 순종하지 않는다."

재담이 아니라
본문 말씀

개콘보다도 더 재미있게 설교한다는
장 아무개 목사님 교회로
사람들이 몰려드는데
오히려 그 주위에 있는 작은 교회들은
그 교회의 덕을 본다는 이해 안되는 말을
그 지역에서 작은 교회 목회하는 분에게 들었습니다.

재미 때문에 몰려갔다가,
어느 시점이 지나면 식상해하고,
성경 말씀을 듣고 싶다며
간간이 주변의 교회로 옮겨 온다는 것입니다.

구원받은 영혼은 본능적으로
하나님의 말씀을 듣고 싶어 하고,

결국 해바라기가
해를 따라 움직이듯이,
제대로 선포되는 하나님의 말씀을 따라서 움직이는
법입니다.

물론 구름떼 같이 많은 사람은 아니겠지요.

그러나 어차피 우리가 구름떼를 목적하는 건
                                      아니잖아요?

재미있는 설교와
남는 설교

70대 노인 한 분이 말씀하셨습니다.

"어떤 목사님의 설교가 하도 재미있어서
TV에서 자주 보았습니다.
그런데 성경 말씀을 확실하게 전해주는
다른 분의 설교를 듣고서야
깨달은 것이 있습니다.

내가 지금까지 들은 그 설교들은 재미는 있는데
듣고 나서 남는 게 없다는 것입니다.

그런데 성경 말씀을 확실히 전해주는 설교는
듣고 나서 마음에 남는 게 있어요."

듣기에 재미있는 설교와 마음에 남는 게 있는 설교가
언제나 대립 관계에 있는 것은 아니지만,

재미에 우선을 두는 설교는
남는 게 없는 설교로 전락할 위험을 안고 있다는 것은

분명합니다.

강요가 아니라 강해

설교자는 본문에 의미를 부여하는 자가 아니라,
본문의 의미를 파악해 나아가는 자임을
명심해야 합니다.
설교는 "강요"가 아니라,
"강해"가 되어야 합니다.

본문에 의미를 주입하려고 할 때 설교자는
크고 작은 본문 조작(manipulation)을 행하게 되고,
결국 본문의 의도를 왜곡하게 됩니다.
그것은 곧 본문에 대한 반역(betrayal)입니다.

본문에 대한 이러한 반역은
그 본문의 음성을 듣고자 거기 그렇게 기다리고 있는
청중에 대한 반역이요,
나아가서는 그 말씀을 통해서 자기 백성에게
말씀하고자 하시는
하나님에 대한 반역입니다.

성경 문맹

중세시대는 교인들로 하여금 성경을 갖지 못하게 하고
설교를 청중이 못알아 듣는 언어로 하게하여
교인들을 성경 문맹으로 만들었습니다.

그러나 오늘날 이곳에서는
모두에게 성경을 갖게 하고도
강단에서 성경을 말해주지 않아서
교인들을 성경 문맹으로 만들고 있습니다.

사실은 후자가 더 악질적입니다.

• 본문의 말씀이 듣고 싶은 사람들

오래 전이었습니다. 지방에 사는 40대 초반의 부부가 나를 찾아 왔습니다. 그들에게는 고민이 있었습니다. 이제는 설교를 통하여 성경 본문이 말하는 말씀을 듣고 싶다는 것이었습니다.

그 부부가 다니는 교회는 교인이 2천명 이상 되는 큰 교회였습니다. 개척한 지 10년째 되는 교회였고, 그들은 개척 초기부터 그 교회에 출석해오고 있었습니다. 얼마동안은 목사님의 설교가 얼마나 좋은지 가는 곳마다 자기 교회 목사님의 설교를 자랑하였습니다. 꼭 와서 말씀을 들어보라고 자신 있게 권하곤 했습니다. 그런데 나름대로 신앙이 자라면서 지난 9년 동안 들어 온 목사님의 설교에 대하여 한 가지 사실을 깨닫게 되었습니다. 그것은 목사님의 설교가 성경 본문을 깊이 파헤쳐서 본문을 말씀해주는 설교가 아니라는 것이었습니다. 어떤 본문을 택하시든지 몇 가지 일정한 주제들을 울타리로 하여 그 안을 뱅뱅 도는 설교라는 것을 깨닫게 된 것입니다.

그러면서 한 가지 큰 고민에 빠지게 되었습니다. 이제는 성경 본문 자체의 말씀을 듣고 싶다는 욕구가 강하게 생긴 것입니다. 누군가가 서울에 있는 에스라 성경연구원이라는 곳을 소개해주어서 가보았다고 했습니다. 그러나 자기가 들어갈 수 있는 곳도 아니고, 비용도 만만치 않아서 포기하였습니다. 살고 있는 지역에 신학대학교가 있어서 가 보았는데 그것도 여의치 않았습니다. 어찌할 도리가 없어서 결국은 서울에서 성경 본문을 잘 드러내어 설교하는 분으로 유명한 두세 분을 알게 되어 그분들의 설교 테이프를 구입하여 듣기 시작하였다는 것이었습니다. 그 부부는 끝내 그 교회를 떠나고 말았습니다. 열심히 봉사하던 집사 부부가 갑자기 교회를 나오지 않으니 자꾸 연락이 오지만, 목사님 설교 때문이라는 말은 차마 할 수 없었다 하였습니다.

정상적인 성도는 믿음이 자라갈수록, 하나님과의 교제가 깊어질수록, 본문 자체의 말씀을 듣고 싶어 합니다. 그리고 설교의 궁극적인 능력도 그것으로부터 나오는 법입니다. 그러므로 장기적인 안목에서 성공적인 설교자가 되려하는 설교자가 반드시 알아야 할 것이 있습니다. 무엇보다도 본문 자체의 말씀을 파헤쳐서 본문이 말씀하게 하는 설교를 위하여 몸부림을 쳐야 한다는 사실입니다. 이것은 설교자의 책임일 뿐 아니라, 자신의 안전을 위한 지혜이기도 합니다.

많은 사람들을 모으는 설교로 유명한 서울의 한 스타급 설교자의 설교를 어느 장로님이 듣고 나오면서 "저게 만담이지, 설교요?" 하더라는 말을 언젠가 호주에 갔다가 들은 적이 있습니다. 성도들이 듣기를 갈망하는 설교는 따로 있습니다. 만담가와 같이 웃고 울리는 능란한 화술의 설교가 아닙니다. 잘된 남의 설교를 나 자신의 이야기처럼 아주 감동적으로 편집한 설교가 아닙니다. 몇 가지 주제를 돌아가면서 감동적이고 설득력 있게 세련된 논리로 펼쳐가는 설교가 아닙니다. 많은 자료들을 동원한 수준 높은 교양 강좌나 자기 개발의 비법 전수 같은 설교도 아닙니다. 성도들은 다만 몇 마디 말씀일지라도 설교자 자신이 목숨을 걸 듯 본문을 잡고 씨름하고 몸부림치고 고민하면서 얻어낸 설교 듣기를 더 갈망한다는 사실을 우리는 알아야 합니다.

그래도 여하튼 그 설교로 그렇게 많은 사람이 모이지 않느냐고 반문하실지 모르겠습니다. 그러나 모이는 숫자로 말하자면 이단 교회들 가운데도 그보다 훨씬 더 많이 모이는 곳이 여럿 있습니다.

교회의 부흥기에는 무엇을 해도 통하고, 어떻게 하여도 사람들이 모여듭니다. 그러나 교회가 쇠퇴기에 접어들면, 교인들은 거의 본능적으로 성경 말씀을 듣고 싶은 마음을 갖게 됩니다. 한국교회는 지금 그 상황에 있습니다. 설교에서 성경 본문의 말씀을 듣고 싶어 하는 거대한 흐름은 이미 시작되고 있습니다. 아무도 이 흐름을 거스를 수 없을 것입니다. 본문 말씀을 드러내어 설교하는 일에 집착하는 설교자에게는 지금이야말로 절호의 기회입니다.

말씀의 침묵

설교자가 성경을 해석하는 작업이
등장 인물 개개인의 내면 세계에서 일어나고 있는
심리적 갈등을 파헤치는 일이나,
오늘날의 신자 개개인의 내면에서 일어나고 있는
심리적 긴장과 갈등에 대한 해답을 제시하는 데
집중할 경우,
그것은 강단에서 "말씀의 침묵"으로 이어집니다.

그리고 강단에서 일어나는 말씀의 침묵은
필연적으로 하나님의 부재로 이어집니다.
그리하여 성경은 점점 사라지고
심리학이 목회자의 강단과 교인들의 일상을
지배하게 됩니다.

"말씀의 회복"이야말로
이 시대 모든 강단과 기독교인들의 시급한 과제입니다.

주해와 설교

주해와 설교는 전혀 같은 것이 아닙니다.
주해는 본문이 담고 있는 가능한 모든 의미들을
들추어내는 것이고,
설교는 주해를 통하여 드러난 여러 의미들 가운데
하나를 선택하여
마치 본문은 그것만을 말하는 것처럼
그것을 전하기에 집중하는 것입니다.

주해 과정에서 발견한
모든 의미들을 다 늘어놓는 것은
설교가 아니고 주해 강의입니다.

설교자는 주해를 마친 결과를 놓고
이제 무엇을 주제로 삼아 설교할 것인가를
결정해야 합니다.
해석적 영역에서 설교적 영역으로 이동하는 것입니다.

그러므로 설교에서는 주해 과정에서 발견한
중요해 보이는 다른 의미들을,
아까와 보이는 다른 발견들을
내려놓는 작업이 필요합니다.

주제 결정이 끝나면 설교자는
그 주제를 어떻게 설교할 것인가로
다시 이동해 나아가야 합니다.
그렇게 설교 한편의 준비는 진행되는 것입니다.

그러므로 주해는 설교준비의 종착점이 아니라,
출발점입니다.

주해를 근거로 출발하지 않은 설교도,
설교로 나아가지 않는 본문 주해도 정당한 설교는
아닙니다.

신앙회복운동

한국교회의 윤리적 파탄은 도덕성 상실에서 온 것이 아니라,
신앙 파탄에서 온 참상입니다.
목회자라 불리는 지도자들을 포함한 신자들이
예수를 제대로 믿지 않아서 생긴 후유증입니다.
신자답게, 교회답게 살지 않아서 벌어진 일인
것입니다.

그러므로 한국교회에 시급히 필요한 것은
도덕 재무장 운동이 아니라,
믿는 대로 신자답게
그리고 교회답게 살자는 신앙 회복 운동입니다.

신앙생활을 제대로 한다면
반드시 도덕성이 뛰어나게 되고,
구제 활동이 활발하게 됩니다.

그러나 어떻게든 도덕성이 높아지고 구제 활동이
활발하게 되면
당연히 그것이 교회가 되는 것은 아닙니다.

상식 있고, 합리적이고, 도덕성을 갖춘 효율적인
비영리 단체가 되는 것이
교회의 궁극적인 목적이 될 수는 없습니다.

오해하지 마십시오.
이것은 신앙과 도덕성을 이분화 하여,
도덕성은 별 것 아니고,
신앙이 중요하다고 말하는 것이 아닙니다.
무엇이 원인이고 무엇이 결과인지를
분별하고 나가자는 이야기입니다.

히브리 산파들이 생명의 위험을 무릅쓰면서까지
왕명을 어기고
남자 아이들을 죽이지 않은 것은
그들이 휴머니스트들이어서가 아니었습니다.
생명에 대한 경외심 때문도 아니었습니다.

그들이 생명을 죽일 수 없었던 것은
하나님을 경외하는 삶을 살아야 한다는
신앙 때문이었습니다.
히브리 산파들에게 남자 아이들을 죽이고 살리는 것은
도덕성이나 인간 존중의 문제 이전에
여호와를 경외해야 하는 신앙의 실천 문제였습니다.

요셉이 보디발의 아내의 유혹에 말려들지 않은 것도
그의 높은 도덕성 때문이 아니라,
하나님께 죄를 범하지 않아야 한다는
그의 신앙의 발로에서 온 결과였습니다.

야고보는 행동을 하면 믿음이 생긴다고 하지 않고,
행동을 통하여 믿음이 살아있다는 사실이
증거된다고 합니다.
행동으로 증거되지 않는 믿음은 죽은 것이란 말은,
참된 믿음을 가졌다면 반드시 행동이 나타나는
법이라고
전제하는 것입니다.

우리에게 시급히 필요한 것은 신앙 회복입니다.

신앙 회복이란,
어떤 경우에도 신자답게, 교회답게 사는 것의
회복입니다.

이 시대 우리 설교의 초점도
여기에 맞추어져야 합니다.
여기에 설교자의 하늘 같은 책임이 있습니다.

성경을 말할 책임과
말한 대로 강단 아래서 살아 보여줄 책임입니다.
그것은 힘들지만,

    측량할 수 없는 영광이기도 합니다.

지금 우리에게 필요한 것은
박수 갈채를 받는 인기가 아니라,
다시 기본으로 돌아가는 인고입니다.

가는 길 3
어디에 서는가

설교자는 회중 앞에 선다

회중 앞에 서는 사람

설교자는 회중으로부터 나와서
말씀 속으로 들어가 몸부림을 친 끝에
드디어 회중을 향하여 서는 사람입니다.

그것이 설교자는
말씀 속으로 들어가 거기에 끝까지 머물며
혼자 살아가는 수도승이 아닌 이유입니다.

그는 회중이었습니다.
그러나 지금은 회중과는 다른 자리에 다른 권위로
회중을 향하여 섭니다.

그의 손에는 말씀이 들려있고,
그의 심장에는 그가 말씀을 들고 나타나기를
기다려온
청중이 자리 잡고 있습니다.

그들은 신앙공동체라는 점에서
회중(congregation)이고,
강단의 설교를 듣는 사람들이라는 점에서
청중(audience)입니다.

청중이 없으면 설교자도 없고
설교도 없습니다.

설교자가 서는 강단은
사실은 설교자가 아니라,
청중을 위하여 있습니다.

기대에 찬 기다림

보렌이 말한 대로,
설교에는 "기대에 찬 기다림"이 있습니다.

설교가 시작되기 전에,
설교자의 말을 기다리는 사람들이 기대를 품고
여러 집들에서 나와
한 집으로 모여듭니다.
그리고 한 강단을 응시하며 줄지어 앉아 기다립니다.

설교자는 자기가 기대되고 있다는 사실을,
간절하게 기다림을 받고 있다는 사실을 알아야 합니다.
그리고 기대에 차서 기다리는 그 사람들을
저버리지 않아야 합니다.

대중적인 인기는 넘치지만
교인들에게 존경을 얻지는 못하는 설교자들이
범람하는 것은
그들에게서 하나님의 말씀이 능력 있게 선포되는 것을
볼 수 없기 때문에 일어나는
비극적인 현상입니다.

설교에서 영적인 생명을 충족할 수 없어서
실망하고 좌절하는
말없는 성도들이 곳곳에서 쏟아내는
신음소리와 탄식소리
그리고 분노에 찬 원망소리에
우리는 너무 귀가 멀어있습니다.

"교인들은 한 주간 내내 세상에 나가서
죽을 둥 살 둥 살다가
주일날 교회에 나와서 설교말씀 한 마디 얻어듣고
다시 살아나려고 교회에 나온다.
그러니 목사는 설교를 잘해야 혀!"

노년에 접어든 장로 아버지에게
30년도 더 전에 들은 이 말씀을
나는 아직도 잊지 못합니다.

아니   평생   잊지 못합니다.

기적의 사건

설교는 성령님과의 관계에서 일어나는
기적의 사건이라고 강조하는
루돌프 보렌의 말을
나는 전적으로 동의합니다.

그리고 다음과 같은
그의 말을 전적으로 신봉합니다.

"나는 강단에 서 있는 설교자가
그곳에 목숨을 걸지 않는 한
이러한 기적은 일어나지 않는다고 믿고 있다!"

선포자

설교자는 "선포자(Proclaimer)"입니다.

선포자란 왕정시대에
왕의 보냄을 받아,
왕의 메시지를,
왕의 권위로 전달하는 자를 말합니다.

설교자에게 이것은 한없는 영광이면서
동시에 무서운 책임이기도 합니다.

그렇게 하지 않으면 왕에게는 반역이 되고,
백성에게는 기만이 되니까요.

여호와의 회의에 참석하여 귀를 기울여 들은 적도 없으면서,
여호와께 보냄을 받은 적도 없으면서,
여호와의 메시지를 받지 않았으면서도,

백성을 향하여 달음질을 하며,
백성을 향하여 예언하는 선지자들을 향한
하나님의 무서운 질책은
예레미야 시대로 끝난 것이 아닙니다.

그들의 예언은 간교한 마음에서 나오는 거짓 예언이고,
그래서 그들은 거짓 선지자이며,
사실상 그들은 여호와의 말씀을
도둑질 하는 자들이라는 것이
예레미야를 통한 여호와 하나님의 판정입니다.

그리고 "내가 그들을 치리라!",
"내가 그들을 치리라!" 는 것이
하나님의 최후 결정입니다.

오늘날 소위 영적 지도자라 불리는 모든 설교자들은

왕의 메시지가 아니라, 자기가 하고 싶은 말을
왕을 위해서가 아니라, 자기의 잇속을 위하여
왕의 보냄을 받은 자가 아니라,
자기가 왕인 것처럼 까불다가

결국 왕과 그의 백성들에 의하여
내침을 당할 위험에 노출되어 있다는 사실에
정신을 바짝 차리고
설교자로 서는 것을
두려워해야 합니다.

증인

예수님이 자신의 사역을 제자들에게 넘겨주시면서
그 제자들에게 붙여주신 최후의 명칭은 "증인"입니다.
증인은 법정의 용어입니다.
목격자라는 말입니다.

그러나 주님이 의도하신 증인은
단순히 목격자라는 차원을 넘어서
자신이 그 현장에 참여한 사람이라는 말입니다.

주님이 이루신 구원에 참여한 사람이요,
주님이 이끌어가시는 땅 끝을 향한 구원역사의 확장에
참여하는 사람이라는 말입니다.

증인은 진술할 뿐만 아니라, 그 진술이 바로
자신의 이야기이기도 합니다.

구원과 구원역사 확장에 참여자라는 말을
따지고 들어가다보면
결국 단순한 참여자가 아니라,
그 자신이 당사자라는 결론에 이르게 됩니다.

당사자란 예수님이 여기 계셨더라면 그가 하셨을 일을
자기가 하고,
그 분이 당했을 일을
자신이 당하는 사람이란 뜻입니다.

그러므로 사도 바울은 자기의 사역을 놓고
그리스도의 남은 고난을 자신의 육체에 채우는
일이라 하였습니다.
밧모 섬의 사도요한에게는 증인이란 결국
순교자를 말하는 것이었습니다.

선포자로 서 있는 설교자에게
당신은 그렇게 살았는가를 물을 수는 없습니다.
그것은 왕이 보낸 왕의 메시지이기 때문입니다.

그러나 증인으로 서 있는 설교자에게는
당신은 그렇게 살았는가를 물어야 합니다.
증인은 참여자요 당사자이기 때문입니다.

설교자는 왕이 보낸 선포자라는 사실과
자신이 그 삶을 사는 증인이라는 사실은
언제나 함께 붙어다녀야만 합니다.

청중

설교는 과거에 주어진 본문을
오늘의 신앙공동체를 위하여 해석하는 것입니다.

그러므로 청중은 설교의 구체적인 대상일 뿐 아니라,
설교의 존재 이유이기도 합니다.
청중이 없으면 설교도 없는 것입니다.

하나님의 백성이 없었으면
하나님의 설교인 성경도 없었을 것입니다.

그러므로 설교는 추상적인 사변이거나,
대상 없는 독백일 수 없습니다.

우리의 관심이 "무엇을 설교할 것인가?"와
"누가 이 설교를 할 것인가?"에만 집중되어 있고,
"누가 이 설교를 들을 것인가?"를
소홀히 여기는 것은 치명적인 잘못입니다.

설교의 궁극적 대상은 청중이고,
설교의 목적이 실현되는 종착점도
청중입니다.

청중에 대한 애정

어떻게 하면 설교를
가장 효과적으로 전달할 수 있을지
이런저런 수단과 방법을 시도해보며 고민하는 것을
인본주의적이고 성령의 역사를 제한하는 것이고
기교와 인간적 방법을 의존하는 세속적인 태도라고
비난하는 이들이 있습니다.

그러나 그런 노력을 하지 않는 것은 사실은
거룩하거나 성령 의존적이어서가 아니라

게으르기 때문이고,
무엇보다도 설교를 들을 청중에 대한
애정이 없기 때문입니다.

유난히 허약한 갓난이를 키우는 엄마는
아이에게 살코기가 좋다는 것을 알면,
"고기가 좋다니 이 고기 먹어라" 하고
아이에게 고기를 던져놓지 않습니다.

이 고기를 구워서 먹이는 것이 좋을까,
삶아서 먹여야 할까, 아이가 소화를 시킬 수 있을까,
아니면 내가 씹어서 입에 넣어주어야 할까...
온갖 고민과 시도를 다 해봅니다.

아이에 대한 애정 때문입니다.

    강단의 설교자에게 필요한 것은
    강단 아래 청중에 대한 애정입니다.

하나님을 향한 열정과
청중을 향한 애정

설교를 잘 해보려고 고뇌하는 설교자에게는
언제나 세 가지가 깊은 고민입니다.

어떻게 하면 이 본문을 제대로 읽어낼까,
어떻게 하면 이 메시지를 제대로 전달할까,
어떻게 하면 이 말씀으로 저들의 삶이 변하게 할까.

설교자를 이런 고민으로 내모는 것은
그의 심장에 둥지를 틀고 있는
말씀하시는 하나님을 향한 불타는 열정과
말씀을 들어야 사는 청중을 향한
뼈에 사무치는 애정입니다.

그러므로 설교를 잘하기 위하여 필요한
가장 근본적인 조건이 무엇인가는
너무나도 분명합니다.

하나님을 향한 열정과
청중을 향한 애정입니다.

장기판의 졸이라니요!

설교자가 자신의 설교를 듣는 청중을 어떻게 생각하는가는 참으로 중요합니다. 오래 전이었습니다. 어느 학교에서 신학생들을 상대로 한창 강의를 하고 있는데 한 학생이 손을 들었습니다. 아직 초년병이어서 강단에만 서면 불안하고 떨려서 설교를 할 수 없다는 것이었습니다. 그래서 고민하다가 어느 목사님을 만났는데, 그 목사님에게서 강단에서의 두려움과 불안을 극복하는 비방을 배웠다는 것이었습니다. 그 학생은 자기가 배운 그 방법이 괜찮은 것인지를 나에게 묻는 것이었습니다. 그 비방이란 이런 것이었습니다. "강단에 서는 순간 앞에 앉아 있는 청중을 장기판의 졸이라고 생각하라."

강단 밑의 청중을 아무것도 아닌 것으로 무시하는 주문을 외우라는 말이나 다름없는 그 목사님의 훈수를 듣고 어이가 없었습니다. 아니, 가슴이 섬찟 하였습니다. 그리고 화가 났습니다. 장기판의 졸이라니요? 나는 정색을 하고 말했습니다. "그것은 아주 위험할 뿐만 아니라, 못된 짓이기도 합니다. 그것은 당신의 설교를 돕는 비방이 아니라, 당신의 설교를 죽이는 비상일 수도 있습니다."

설교자가 청중을 그렇게 이해하는 것은 자신의 설교를 듣기 위하여 거기 앉아 있는 청중에 대한 배반 행위입니다. 뿐만 아니라, 그들을 그렇게 불러 모으신 하나님에 대한 반역 행위이기도 합니다. 사실 그 두려움증은 평생 가는 것도 아닙니다. 설교의 연륜이 쌓여 가면서 저절로 해소되는 문제입니다. 그러므로 몇 번 지나면 저절로 해결될 문제를 가지고 그렇게 최면술적 자기 속임수와 심리적 기만을 동원하는 것은 어리석은 일입니다. 그리고 죄입니다. 청중에 대한 그러한 인식이 체질화 되면 그것은 참으로 위험한 일입니다. 청중을 그렇게 무시하고서야 어떻게 그들을 위하여 혼신을 다하는 설교를 할 수 있겠습니까? 청중을 위하여 혼신을 다하지 않는 설교자를 무슨 이유로 하나님께서 계속하여 강단에 세우시겠습니까?

화가 난 사람처럼 흥분하여 이 문제를 토론하면서 나는 이렇게 마지막 권면을 하였습니다. "강단에 섰는데 말문이 막혀 설교를 할 수 없게 되면, 한참을 그냥 서 있다가 꾸벅 절하고, '오늘은 너무나 떨려서 말이 안나와 설교를 못하겠습니다. 죄송합니다'

라고 말하고 그냥 내려오세요. 그리고 망신을 당하세요. 그렇게 두세 번만 하면 그 다음부터는 괜찮을 것입니다. 망신당하는 것을 피하기 위하여 자기최면을 걸고 자기기만을 하는 것은 비겁하고 악한 짓입니다. 그냥 두려운 대로 두려워하고, 떨리는 대로 떨면서 설교하세요. 그래서 실수도 하고, 당황도 하고, 망신도 당하면서 그냥 그 과정을 지나세요. 그러면서 여러분은 설교자에 대하여, 설교에 대하여, 성령의 역사에 대하여 놀라운 사실들을 알아 가게 될 것입니다."

유명한 부흥사였던 이 아무개 목사님이 집회시작을 기다리며 찬양에 열을 올리고 있는 사람들을 두고 기도원 강사대기실에서 다른 부흥강사들에게 농담 삼아 했다는 말도 문득 떠올랐습니다. "저 자들은 아무거나 해주어도 다 좋아해!" 그 대기실에 있었다는 분에게 그 말을 들으면서 나는 그 때도 참으로 화가 났었습니다. 이렇게 청중을 무시하는 오만방자한 그 설교자에게 화가 났습니다. 그리고 "아무거나 해주는" 그런 설교자에게 분별력도 없이 아멘 할렐루야를 외치며 열광을 하다가 그렇게 무시를 당하고 있는 불쌍한 그 교인들에게 화가 났습니다.

우리 앞에 앉아 있는 청중은 "아무거나 해주어도 되는 자들"이 아닙니다. 그들은 개그 쇼의 관객이 아닙니다. 저들은 사도 바울이 감동적인 고백으로 털어놓은 것처럼, 하나님께서 자기의 나라와 영광을 주시려고 부르신 하나님의 백성이요, 하나님 앞에서 값이 나가는 삶을 살게 하시려고 부르신 참으로 귀한 사람들입니다(살전 2:12). 하나님은 그 일을 우리의 설교로 이루어내시려 하는 것입니다.

장기판의 졸이라니요. 아무거나 해주어도 된다니요.

청중을 향하는 설교

설교는 하늘의 천사들 들으라고 하는 것도 아니고,
온 세상 사람들이 다 들으라고 하는 것도 아닙니다.
설교는 자기 앞에 앉아 있는
이 사람들 들으라고 하는 것입니다.

눈앞의 청중을 대상으로 하는 설교,
내용이 그들에게 관련이 있는 설교,
그래서 결국은 그들에게 유익이 되는 설교.
그것이 우리가 해야 할 정당한 설교입니다.

그것은 다름 아닌

청중을 향하는 설교입니다.

설교자에게 필요한 것

설교자인 내가 하고 싶은 말도 아니고,
청중인 교인들이 듣고 싶어 하는 말도 아니고,
하나님께서 저들에게 하고 싶어 하시는 말씀을
설교해야 합니다.

그러나 반드시 저들이 알아들을 수 있는 말로
설교해야 합니다.
교회 밖의 전도는 듣든지 아니 듣든지 해야 하지만,
교회 안의 설교는 저들이 들을 수 있게 해야 합니다.
그렇지 않으면 우리의 설교는 무용지물입니다.

무엇이 저들이 들어야 하는 말인가를
분별하기 위해서는
설교자의 깊은 영적 통찰력이 필요하고,
어떻게 저들이 알아들을 수 있게 할 것인가를 위해서는

        청중에 대한 깊은 애정이

                필수적입니다.

보여주는 설교와
보게 하는 설교

"눈이 녹으면 뭐가 되냐고 선생님이 물으셨다.
다들 물이 된다고 했다.
소년은 봄이 된다고 했다."

공익광고에선가 본 이 말을
나는 아주 좋아합니다.

보여주는 설교가 아니라,
보게 하는 설교를 해야 한다고 오랜 세월 외쳐온
나의 마음을 한 마디 말로 보여주기 때문입니다.

오늘 날은 소리의 시대가 아니라,
이미지의 시대라는 말은 맞는 말입니다.
청각이 아니라 시각의 시대이며,
귀에가 아니라, 눈에 설교해야 한다는 말도 맞는
말입니다.

그러나
시각의 시대이므로 미디어를 활용하여
영상을 보여주는 설교를 해야 한다는 주장은
맞는 말이 아닙니다.

보여주는 설교가 아니라,
보게 하는 설교를 해야 합니다.
눈앞에 아무 것도 없는데도
말 몇 마디 들으면서, 글 몇 줄 읽으면서
마치 눈앞에 있는 것처럼 선하게 떠올리는 것은
하나님이 인간에게만 주신 놀라운 능력입니다.

영상의 문제가 아니라, 언어의 문제입니다.
눈에 비춰주는 그림의 문제가 아니라,
마음을 불러일으키는 상상력의 문제입니다.
스크린에 보여주는 영상은
망막에 그림을 맺히게 하지만,

언어를 통한 상상력의 발동은 마음과 머리에
자기만의 현장을 만들어냅니다.

보여준 것은 도장이 찍히듯
본 사람의 시각에 각인이 되지만,
스스로 보게 한 것은
그의 마음에 살아서 계속 움직입니다.

우리가 어릴 때
선생님의 이야기를 들으며 떠올렸던 태조 왕건은
각자가 나름대로 그리는 힘 있고 위대한
장군의 모습이었습니다. 그러나
TV 드라마를 본 이 시대의 사람들이 떠올리는
태조 왕건은
다 똑같이 배우 최수종입니다.

발해는 누가 세웠냐는 초등학교 시험 문제에
최수종 이라고 답을 쓴 아이들이 있었다고 합니다.
최수종이 나오는 드라마 대조영을 보았기 때문입니다.

보여주는 설교를 위해서는
고가의 최신 미디어 기기와
눈이 벌개지도록 영상과 이미지를 찾는
인터넷 서핑이 필수이지만,

    보게 하는 설교를 위해서는 상상력을 발동시키는
설교자의 언어 활용에 대한 깊은 고민이 필수입니다.

청중 이해

자기의 설교를 듣는 청중을 어떻게 여기는가는
설교자 자신을 위해서도, 그가 하는 설교를 위해서도
매우 중요합니다.

바울은 자기의 설교를 듣는 청중을,
하나님이 부르신 사람들이요,
하나님이 자기의 나라와 영광을 주시려고 부르신
사람들이요,
하나님의 가치 기준으로 볼 때
값이 나가는 삶을 살게 하려고
부르신 사람들이라고 여기며 설교하였습니다.
(살전 2:12)

그리고,
"당신들이야말로 강림하실 주 예수 앞에서
나의 소망이요 기쁨이요 면류관이요 영광!"

이것이 자기의 설교를 듣는 청중에게 갖는
설교자 바울의 기대였습니다.(살전 2:20)

그는 주 예수님이 강림하시는 시점을
내다보는 마음으로
설교를 했던 것입니다.

그들을 부르신 하나님의 입장에서 청중을 보지 않고,

설교자 자신의 필요에 비추어 청중을 보는 것은
사실 하나님을 무시하는 범죄 가운데 하나입니다.

청중의 설교 듣기

예수님과 사도들의 경우를 보든지,
설교자로서 우리 자신의 경험을 보든지,
설교를 듣는 청중에는 여러 종류의 사람들이 있습니다.

트집 잡기 위하여 듣는 사람들
건성으로 듣는 사람들
말씀에 대하여 호의를 품고 듣는 사람들
말씀을 기호에 맞게 골라 듣는 사람들
말씀을 새겨듣고 깨닫는 사람들
믿음으로 듣는 사람들

설교자는 자신의 설교를 듣는 청중이
이렇게나 다양하다는 것을 알아야 합니다.

아무리 적은 수의 청중이 모여도
모든 종류의 청중이 그 안에 반드시 있게 마련입니다.

설교자에게는 청중이 설교를 어떻게 듣는가를
비난할 권한이 없고,
오직 청중을 변화시킬 책임만 있습니다.

청중은 설교자를 골라잡을 수 있지만,
설교자는 청중을 골라잡을 수 없습니다.

청중의 눈물

소리소리 질러대는 내 설교를 들으며
할머니 한 분이 눈물을 훔치며 훌쩍거렸습니다.

"저 할머니가 은혜를 받고 있구나!"
신바람이 나서,
더 소리를 지르며 설교에 몰입했습니다.

"젊디나 젊은 양반이 먹고 살아보겠다고
악을 악을 쓰는 것이 맘이 짠해서…
객지에 있는 아들 생각도 나고…"

알고보니,
할머니가 내 설교 들으며 훌쩍거린 사연은
그것이었습니다.
30년도 더 전,
전도사일 때였습니다.

설교자는 청중의 눈물에 너무 휘둘리지 않아야 합니다.

강의와 설교

극장의 연극 무대와
교회의 설교강단이 전혀 다른 것처럼,
신학교 강의실과 교회 강단도 다릅니다.

그런데도 많은 설교자들은
똑같이 성경을 갖고 말한다는 이유로
본문 주해를 강의하는 신학교 강의실과
본문의 메시지를 선포하는 교회 강단을
같은 일을 하는 같은 곳으로 혼돈하고 있습니다.

포스딕의 말대로,
강의에는 이해시켜야 하는 주제가 있고,
설교에는 성취해야 하는 목적이 있습니다.
그것은 메시지를 전하여
청중을 변화시키는 것입니다.

설교자의 책임

설교자는 두 가지 초점을 분명히 하고
설교해야 합니다.
청중이 알게 하고 싶은 것이 분명하고,
청중이 행하게 하고 싶은 것이 분명해야 합니다.

청중이 알게 하고 싶은 것이 설교의 주제이고,
청중이 행하게 하고 싶은 것이 설교의 목적입니다.

무엇을 말하고자 하는가,
그리고 무엇이 일어나게 하고자 하는가?
이 두 가지가 분명치 않기 때문에
자신도,
그리고 청중도 힘든 설교들이 많이 있습니다.

그런데,
그것은 전적으로 설교자의 책임입니다.

설득하는 프로

"아마추어는 강요하고, 프로는 설득한다!"

설교의 목적은 청중의 변화이고,
그 수단은 설득입니다.

설득에는 논리적 설득과 감성적 설득이 있습니다.
논리적 설득에는 합리적 이성이,
감성적 설득에는 정서적 감동이 발동합니다.

자발적이고 지속적인 행동을 유발하기 위해서는
이 둘이 같이 이루어져야 합니다.
논리적 설득만으로는
자칫 내키지 않는 강제 동원을 만들어내기 쉽고
감성적 설득만으로는
자칫 정당성 없는
일회적 흥분을 만들어내기 쉽습니다.

설교자는 설득하는 프로입니다.

청중의 자발적이고 지속적인 행동을 목표하는
설득하는 프로입니다.

구체적인 해석과
전달

설교자가 본문을 놓고
구체적인 적용이 있는 해석을 하지 않으면
감동적인 구호만 외치게 됩니다.
설교자가 청중에게 구체적인 적용을 전달하지 않으면
청중을 언제나 제3자로 만들게 됩니다.

오랜 세월 그런 설교를 하다보면,
우리의 설교는
기독교적 교양이 있는 교인을 만들어 낼 뿐,
성숙한 신자를 길러낼 수는 없게 됩니다.

교인들은
기독교적 용어들을 유창하게 구사하는
지식인이 될 뿐,
기독교 신앙이 몸에 밴 신앙인이 되지는 않습니다.

신학이,
심오함에 갇힌 사변을 넘어서고,
다른 행성의 말 같이 들리는 자기들만의 언어 유희를
벗어날 길은
정녕 없는 것일까?

그것이 가슴 터지는 답답함이고,
끊임이 없는 고뇌입니다.

      설교의 멋과 맛과 위력은
        그래서 어쨌단 말이고,
      이제 어떻게 하란 말인가를
    분명히 제시하는 데서 절정을 이룹니다.

전달되지 않은 해석

무슨 말인지는 알겠는데
그것을 받아들이고 싶지 않아서
청중이 듣지 않는 설교와

설교자가 하는 말이 무슨 말인지를 몰라서
청중이 듣지 못하는 설교는
완전히 다른 것임을 알아야 합니다.

설교를 알아듣고 순종할 것인지 거부할 것인지는
청중의 책임이라 할지라도,
최소한 무슨 말인지를 알아듣게 하는 것은
설교자의 책임입니다.

본문을 잘 해석해야 할 책임과 동시에
설교자가 걸머져야 하는 또 하나의 책임은
설교가 청중에게 잘 전달되도록 하는 것입니다.

전달되지 않은 해석은 설교가 아닙니다.

설교자의 기도

목사가 설교를 할 때는 하늘의 천사들 들으라고 하지 않습니다. 온 세상 사람이 다 들으라고 하는 것도 아닙니다. 목사는 그 시간에 거기 앉아 있는 그 교인들 들으라고 설교합니다. 이것은 상식 중의 상식입니다. 그런데 거기 앉아 있는 회중 가운데서 "왜 설교를 나 들으라고 하느냐?"면서 들고 일어나는 희한한 일들이 종종 일어나곤 합니다.

오래 전이었습니다. 예배를 마치고 교인들을 배웅하고 있었습니다. 한 낯선 젊은이가 내 앞에 서더니 인사가 끝났는데도 돌아가지 않고 멈칫멈칫 하였습니다. 그러더니 어렵게 말을 꺼냈습니다. "오늘 말씀이 꼭 저에게 하시는 말씀이었습니다. 시간이 있으시면 한번 찾아뵙고 말씀을 더 나누고 싶습니다." 듣던 중 반가운 말이었습니다. 그 날 오후 내내 나는 기분이 썩 좋았습니다. 그런데 바로 그 날, 한쪽에서는 그 설교 때문에 문제가 발생했다는 것을 한 주간이 지나서야 알게 되었습니다. 오래 된 교인 가운데 한 사람이, "목사님이 나 들으라고 그 설교했다"면서 깊은 시험에 빠진 것이었습니다. 두 사람이 똑같은 시간에, 똑같은 장소에서, 똑 같은 설교를 들었습니다. 그리고 똑 같이 "나 들으라는 말씀이다" 하는 생각을 했습니다. 그런데 한 사람은 그 말씀이 은혜가 되어 말씀을 더 듣기 위하여 목사를 따로 만나고 싶어지고, 한 사람은 그 말씀이 시험이 되어 교회도 싫고 목사도 미워지게 되어버린 것입니다. 동일한 말씀에 의하여 초래된 이 정반대의 현상을 누가 책임져야 하는 것인지 나는 한동안 마음이 괴로웠습니다.

꼭 맞는 말이면서 그러나 아무와도 직접 연관을 맺지는 않는 부담 없는 설교나, 모두가 그렇겠다고 수긍은 하면서 그러나 "나에게 하는 말씀이다" 하는 생각은 들지 않게 하는 편안한 설교, 혹은 인생의 모든 문제를 다루되 누구의 문제도 구체적으로 언급하지는 않는 포괄적인 설교란 존재할 수 없습니다. 그것은 원리적으로도 불가능합니다. 설교자가 그러한 설교를 꿈꾼다면 그것은 직무유기일 뿐 아니라 반양심적이기도 합니다. 회중이 그러한 설교를 요구한다면 그것은 자기 백성에게 구체적으로 말씀하시는 하나님의 백성이기를 포기하는 것이기도 합니다.

말씀을 듣다가 문득 "나에게 하시는 말씀"이라는 자각이 들면 겸손과 감사로 그 말씀을 받고 순종할 길을 찾을 일이지, 설교자에게 눈을 치켜뜨고 들고 일어날 일은 아닙니다. 설교자도 회중의 그 모습이 두렵고 귀찮아서 말꼬리를 돌리며 딴전을 피우는 설교를 할 일도 아닙니다. 베드로는 자신의 설교에 "마음이 찔린" 청중 3천명에게 세례를 주었고, 스데반은 자신의 설교에 "마음이 찔린" 청중에게 결국 돌로 맞아 죽었습니다. 베드로와 스데반의 차이가 아니었습니다. 베드로는 지혜롭게 설교했는데, 스데반은 그렇지 않아서 벌어진 일이 아니었습니다. 두 사람은 똑같이 당당하게 설교자의 길을 간 것 뿐이었습니다. 그것은 청중의 차이였습니다. 이 두 설교자는 청중이 누군가와 상관없이 그들에게 복음의 진리를 선포한 것 뿐이었습니다.

"교인들이 주의 말씀을 들을 때에 옛날 광야의 사람들처럼 마음을 강퍅하게 하지 말게 하시고, 오늘날의 어떤 사람들처럼 귀로만 듣고 즐기는 자들이 되지도 말게 하옵소서. 주의 말씀을 들을 때에 결단하고 일어나 순종하는 자들이 되게 하소서."

설교 때마다 드리는 나의 기도입니다.

필요를
채워주는 설교

청중의 필요에는 두 가지 종류가 있습니다.
청중이 요구하는 필요(expressed need)와
청중에게 실제로 필요한 필요(actual need)입니다.

요구하는 필요와 실제의 필요가
언제나 일치하는 것은 아니어서 문제가 됩니다.

실제로 필요한 것에 눈 감아버리고
요구하는 필요를 충족하기에 급급하다보면
설교는 단순히 청중의 가려운 귀를 긁어주는 도구로
전락해버립니다.

그러므로 우리의 설교가
청중의 필요를 채워주는 설교여야 한다는 말은
매우 정당한 말이면서,
동시에 매우 위험한 말이기도 합니다.

이 위험에서 설교자를 지켜줄 안전 장치가
청중에게 실제로 필요한 것이 무엇인지를 분별하는
영적 통찰력과
그것을 담대히 선포하는 담력입니다.

이러한 영적 통찰력과 담력은
설교자 자신이
하나님과 깊은 교제를 지속해야만 가능합니다.

화내는 설교

목회를 하다 보면 때로는
교인들이 서운할 때가 있고,
답답할 때가 있고,
그러다보면 분노가 생길 때가 있습니다.

그럴 때는
그러한 감정을 풀어내기에 제격인 본문이 눈에 띄거나
평범한 본문이라도
그러한 눈으로 본문이 읽히는 경우가 종종 있습니다.
그러나 그 본문으로 그렇게 설교 하는 것이
신학적으로나 해석학적으로나 전혀 문제가 없고
정당하다 할지라도,
그 설교는 하지 않는 것이 좋습니다.

해석이 틀리거나 신학적으로 그릇되어서가 아니라
설교자의 의도와 동기가 불순하기 때문입니다.

청중에게 화가 나서 설교를 하는 것은
어느 경우에도 옳은 것이 아닙니다.

교인을 사랑하는 마음으로
그리고 신앙이 성숙하기를 바라는 심정으로
가르치고 권면하는 것과,
교인들의 신앙 성숙을 위해서라는 명분으로
설교자의 맺힌 한을 푸는 것은
스스로 분간이 됩니다.

"너 잘되라고 그러는 거야!"라며 아이를 혼낼 때,
엄마가 정말 그 맘인지,
자기에게 분이 나서 그러는 건지,
아이는 정확히 알아차린다는 것을
자녀 키워본 사람은 다 압니다.

교인들도 그렇게   다   알아차립니다.

소망을 안고
돌아가게 하라

똑같은 내용으로 똑같이 고함을 질러대는 설교이지만,
교인들이 그렇게 살지 않는 것이 안타까와서
지르는 고함과
그렇게 살지 않는 교인들에 대한
분노가 북받쳐 지르는 고함은
듣는 사람에게는 확연히 구별이 되어 전달됩니다.

교인들을 비난받고 혼만 나고,
그래서 상처를 안고
힘없이 돌아가게 하지 말고,

비난 받았더라도 일어나 떠날 때는
소망을 안고 돌아가게 해야 합니다.

말씀대로 살지 않는 인간들은
얼마나 나쁜 놈들인가 보다는

말씀대로 살려고 몸부림치는 것이
얼마나 아름답고 멋진가를
훨씬 더 많이 말해야 합니다.

제발,
오늘도 우리는 혼만 나고,
비난만 받고 간다는 마음을 품은 채로
그들이 강단을 떠나게 하지 마십시오.

어려운 설교

가장 고급한 수준인 성경신학적 설교를 하니까,
가장 깊이 있는 구속사적 설교를 하니까,
나의 설교는 어려울 수밖에 없으며,

청중의 수준이
그런 설교를 들을 만큼 높아져야 한다면서
그 어렵고 복잡한 말로 하는 설교를
고집하는 설교자들이 있습니다.

그것은 은근히 청중을 무시하는 오만이고,
청중을 사랑하지 않는 매정함이며,
충분히 설교를 고민하지 않는 불성실입니다.
그리고 그것들을 엉뚱한 명분으로 정당화하는
비겁함입니다.

성경신학적 설교나 구속사적 설교를 하지 않아야
된다는 말이 아닙니다.

그것을 명분으로 자신이 설교를 어렵게 하는 것을
정당화하거나 설교를 알아들을 책임을 청중에게
떠넘기지 않아야 한다는 말입니다.

설교를 알아들을 수준을 갖출 책임이
청중에게 있는 것이 아니라,
어느 수준에 있는 청중이라도 알아듣게 설교해야 할 책임이
설교자에게 있습니다.

설교는 쉬운 내용을 어렵게 말하는 것이 아니라,
어려운 내용도 쉽게,
쉬운 내용도 쉽게 말하는 것입니다.

설교는 유식하게 말하는 것이 아니라,
무식한 사람도 알아듣게 말하는 것입니다.

물론 본문의 해석은 어려울 수 있고,
본문 해석의 과정은 복잡할 수 있습니다.

그러나 설교는 해석을 설교하는 것도 아니고,
해석의 과정을 설교하는 것도 아닙니다.
설교는 해석을 통하여 얻은 결과를
눈앞의 청중의 삶에 설교하는 것임을 알아야 합니다.

설교를 어렵게 하는 것은
설교자가 유식하거나 심오하다는 증거가 아니라,
무능하거나,
최소한 청중에게 무성의하다는 증거입니다.

진리는 언제나 단순하고 명료하게 진술된다는
사실을 명심해야 합니다.

구조대원

내가 하는 설교에
이 사람들의 살고 죽는 문제가 걸렸다는 절박함으로
강단에 선다면
그렇게 애매모호한 내용으로,
그렇게 알아듣기 어려운 어법으로 말할 사람은
아무도 없을 것입니다.

말은 내가 하기 쉽게 하지 말고,
청중이 알아듣기 쉽게 해야 합니다.

설교자는
불이 났다는 정보를 저들에게 알려주려고 하는가,
저들을 불에서 살려내려 하는가를 분명히 해야 합니다.

그런데 분명한 것은,
          설교자는 단순한 정보 전달자가 아니라,
사람을 살려내는 구조 대원이어야 한다는 사실입니다.

설교의 변절

오늘날 너무나 많은 설교자들이
효과적인 전달이라는 명분을 내세우며,
청중이 알아듣기 쉬운 말로
설교의 언어를 바꾸는 것이 아니라,
청중이 좋아하는 내용으로
설교의 주제를 바꾸고 있습니다.

그러나 이것은
매우 위험한 일입니다.
청중과 거래를 하고 있기 때문입니다.

그리고 매우 비겁한 짓입니다.
성경말씀에 정직하지 않기 때문입니다.

이 와중에 본문은
사라지거나,
왜곡되거나,
남용되고,

설교는 본문을 이탈하여
그들이 듣고 싶어 하는 말을 되뇌어주는
아부로 변절되어 버리곤 합니다.

설교자의 절망과 소망

그는 한 가지 심각한 고민을 가진
7년차 전도사였습니다.

"왜 내 설교로는 사람이 변하지 않는 것일까?"

해결할 길이 없어 한 주간 학교를 결석하며
기도원에 박혀서 뒤척이다가
어느 목사님을 만나
얻은 해답은 의외로 간단하였습니다.

"사람을 변화시키는 것은 네 책임이 아니다.
너는 그냥 설교만 하면 된다."

위로는 되는데 왠지 마음이 석연치 않아서
정말 그런 것인지
교수님에게 확인을 받고 싶어
나를 찾아왔다 하였습니다.

"너 혼자만의 책임이 아닌 것은 확실하지만,
그렇다고 너는 상관없는 일인 것도 확실히 아니다.
사람을 변화시키는 것은 너의 책임이다."

그것이 나의 대답이었습니다.
그리고는 설교자로 사는 동안 꼭 기억하라며,
다섯 가지를 이야기 해주었습니다.

내가 해준 첫 이야기는 이것입니다.

"변화는 일어나고 있다.
다만 당신이 원하는 시간에,
당신이 원하는 장소에서,
당신이 원하는 방식으로 일어나고 있지 않을 뿐이다.

당신의 설교에 성령이 함께 하심을 믿는다면
좌절하지 말고 계속 설교하라.
어떤 사람은 당신의 설교를 듣고
오랜 세월이 지난 후에,
심지어 죽음에 이르러서야 변하는 사람도 있다."

실제로,
나에게 들었던 설교가
7년 후 연말이 되어 문득 생각나서
부부가 생활을 바꾸었다며 찾아온 교인도 있었습니다.

자신의 설교로는 사람들이 변하지 않는다고
괴로워하는 7년차 전도사에게 들려준
두 번째 이야기는 이것입니다.

"당신의 설교를 들은 모든 사람이
다 변하리라고 기대하는 것은
지나친 낙관이다.

당신의 설교를 들은 많은 사람들 가운데서
한두 사람 혹은 두세 사람이 변화를 일으키고,
그렇게 변한 소수의 사람들이 결국
설교의 큰 열매가 되며,
설교자에게 큰 보람이 되는 것이다."

때로 하나님은,
단 몇 사람의 변화를 위하여
우리로 오랜 세월 설교 하게 하십니다.

그 전도사 제자에게 들려준 세 번째 이야기는
이것입니다.

"왜 내 설교로는
사람이 변하지 않는가를 고민하지 말고,
어떻게 하면 내 설교로
사람을 변화시킬 수 있을까를 고민하라.

부정적인 관점에서 갖는 고민은
당신을 한없는 좌절로 이끌 것이고,
긍정적인 고민은
당신의 설교에 변화를 이루어낼 것이다."

네 번째 이야기는 이것입니다.

"당신의 설교로 당신 자신이 얼마나 변하고 있는지
살펴보라.
당신 자신을 변화시키지 못하는 설교는
다른 사람도 변화시킬 수 없다.

그러므로 당신이 먼저
설교한 대로 살아내기를 힘쓰라.
그러면 당신의 설교로는 교인이 변하지 않아도,
당신 설교로 변하는 당신으로 말미암아
교인들이 변하기를 시작할 것이다."

자신의 설교로는 사람들이 변하지 않는다고 괴로워하는 7년차 전도사에게 들려준 마지막 이야기는 이것입니다.

"왜 내 설교로는 사람이 변하지 않는가라고
탄식하는 것이
당신의 양심과 하나님 앞에서
전혀 거리낌이 없을 만큼

그 설교에 온힘을 쏟았는지
다시 한 번 살펴보라.

혹시,
양심과 하나님은,
'그런 식으로 준비한 설교로
어떻게 사람이 변하겠는가!' 라고
당신을 책망하지는 않는가?"

다섯 가지 항목으로 들려준 나의 이야기를 듣고
7년차 전도사님은 얼굴이 환해져서 돌아갔습니다.

그렇게
설교를 고민하던 그 제자가 십 수 년이 지난 지금도
문득문득 고마운 마음으로 다시 떠오르곤 합니다.

사람을 변화시키는 것이 설교의 목적이고,
그것이 청중을 향하여 강단에 서는
설교자의 책임입니다.

거기에 우리 설교자들의 끝없는 고뇌와
견줄 데 없는 보람이 있습니다.

강단의 설교자에게 필요한 것은
강단 아래 청중에 대한 애정입니다.

가는 길 4

어디로 나아가는가

설교자는 함께 세상으로 나아간다

함께 세상 속으로
나아가는 사람

신학생 시절에, 성당에 가 본 적이 있었습니다.
어떻게 미사를 드리는지 궁금하였습니다.
미사가 끝나면서 사제가 하는 마지막 말이
너무 멋있고 감동적이었습니다.

"주의 말씀을 들었으니
모두 세상에 나아가 이 말씀대로 사십시요~"
미사에 참석한 모든 사람들이 답을 하였습니다.
"아멘~"

나도 나중에 목사가 되면
예배의 마지막을 꼭 이렇게 끝내야겠단 맘을
먹었습니다.

그러나 이 말은
설교자들이 해서는 안되는 말이라는 건
유학 가서 설교학을 공부하면서 깨달았습니다.

설교자는 들은 말씀대로 살고 돌아오라고
청중을 세상 속으로 내모는 사람이 아닙니다.
함께 세상 속으로 나아가 그 말씀을 살아내야 하는
사람입니다.

"주의 말씀을 들었으니,
우리 모두 세상에 나아가 이 말씀대로 삽시다~"
이것이 우리 설교의 마지막 말이 되어야 합니다.

설교자는 청중에게 말씀을 선포하는 자임과 동시에
그 말씀을 듣는 자요,
세상 속에서 청중과 함께 그 말씀을 살아야 하는
사람입니다.

설교자는 청중에게 설교할 뿐만 아니라,
자기 자신에게 설교하는 사람이어야 합니다.

삶의 현장에 연결된 설교

설교는 매 순간을 세상 속에서 살아가는
신자들을 그 대상으로 합니다.
우리의 설교를 듣는 교인들은 세상을 등지고
어느 산속이나 외딴 섬에 끼리끼리 모여
별천지를 이루고 사는 사람들이 아닙니다.

그들은 세상에서 살다가 잠깐 교회로 모여온 다음
다시 세상 속으로 돌아가 한 주간 내내 그곳에서
살아야 합니다.

그러므로 우리의 설교가
그들이 삶의 현장에서 직면하는 문제들을 외면한 채
딴 세상의 말로 일관할 수 없습니다.

우리의 설교는 하나님의 말씀을 해석하고 선포할 뿐
아니라,
그것을 근거로
이들의 삶의 현장을 해석하고 분별해야 합니다.

                    그리하여 가르치고 경고하며
              또는 위로하고 권면하는 것으로
                              이어져야 합니다.

설교를 잘한다는 말

설교를 잘한다는 말은,
강단에서는 하나님의 말씀을 제대로 선포하고
강단을 내려와서는
자기가 선포한 그 말씀이 맞다는 것을
자신의 일상에서 몸부림치는 삶으로
증명해내는 것을 말합니다.

오늘날 하나님도,
그의 백성들도,
그리고 세상도
목마르게 찾는 설교자는 바로 이러한 설교자입니다.

그러므로 설교를 잘한다는 말을,
연설을 잘한다는 말로 바꾸어 말해서도 안되고,
삶이 중요하지 설교가 중요한 것이 아니라고
설교와 삶을 갈라놓아서도 안됩니다.

설교가 말의 소통이라는 점에만 치중하면,
삶이 형편없는 것이 아무렇지도 않은 듯 넘어가는
뻔뻔스러움에 빠지게 됩니다.

설교가 삶이라는 점에만 치중하면,
강단에서 소통을 위하여 고뇌하지 않는 무책임을
정당화하는
비겁함에 빠지게 됩니다.

설교는 말의 소통임과 동시에
그대로 살아내야 하는 삶입니다.

눈에 보이는 증인

담임목회를 그만 두던 날
70대 중반의 성격이 곧은 노인 집사님이
서운함에 분을 못이겨 하시며
내 얼굴을 향하여 쏟아내시던 말씀이
자꾸만 되살아납니다.

"나는 보이지 않는 하나님을 보고
교회 나오지 않습니다.
하나님을 보고 교회에 나온다는 말을
나는 믿지 않습니다.
나는 보이지 않는 하나님이 아니라,
보이는 사람을 보고 교회에 나옵니다.
하나님의 은혜를 받은 목사님을 보고
나는 교회에 나옵니다."

교인들에게는 설교자가 보이지 않는 하나님을
보이게 해주는 역할을 한다는 깨달음과 함께

사람이 아니라, 하나님을 보고 교회에 나와야 한다고
교인들을 몰아붙이면서,
하나님의 은혜를 받은 보이는 사람으로 살지 않은
자책감에
뒤통수에 벼락을 맞은 것 같은 충격으로
허겁지겁 예배당을 빠져나왔습니다.

많은 수의 교인들이 교회를 안나오거나 떠나는 것은
그들이 하나님을 보지 않고
사람을 보고 교회에 나오기 때문이 아니라,
목사가 하나님의 은혜를 받은 사람으로
교인들에게 비치지 않기 때문이라는 사실을
그 때 알았습니다.

다시 목회를 하게 된다면,
사람이 아니라,
하나님을 보고 교회에 나와야 된다는 잔소리는
아주 신중하게 해야겠다는 생각을 하였습니다.

설교자는 하나님의 은혜를 받은
눈에 보이는 증인으로 교인들 앞에서 살아야 됩니다.

"나는 보이지 않는 하나님이 아니라,
보이는 사람을 보고 교회에 나옵니다.
하나님의 은혜를 받은 목사님을 보고
나는 교회에 나옵니다."

설교자를 향한 불만

이 시대의 많은 신자들이
설교자들에게 쏟아내는 불만은
세 가지입니다.

설교가 본문 말씀을 말하지 않는다는 불만,
설교자 자신은 설교한 대로 전혀 살지 않는다는 불만,
그리고 설교한 대로 교회를 목회하지 않는다는
불만입니다.

결국
성경 따로,
설교 따로,
행동 따로라는 것이
설교자에 대한 가장 큰 불만입니다.

그의 강단이 본문을 이탈하지 않고,
그의 일상의 삶이
그가 강단에서 행한 설교를 반역하지 않으며,
강단에서 행하는 그의 설교가
그의 삶을 조롱하지 않는 설교자라면,

                    그는 성공한   설교자입니다.

설교 못한다고
쫓겨난 목사는 없다?

설교자는 사람을 책임지는 사람입니다. 그것도 하나님이 맡겨 주신 하나님의 사람들을 책임지는 사람입니다. 사람을 책임지는 사역을 수행하기 위하여 절대적으로 중요한 방편은 그의 인격입니다. 여기서 인격이란 설교자가 일상의 삶을 살아가는 설교자의 생활을 의미합니다. 틸리케는 현대설교가 죽어가고 있는 원인은 설교와 생활의 분리 때문이라고 말합니다. 어떤 이들은 "목회자에게는 설교가 중요한 것이 아니라 인격이 중요하다"고 말하기도 합니다. 어떤 이들은 설교자의 인격을 강조하기 위하여, "목사가 설교 못한다고 쫓겨나는 일은 없다. 인격 때문에 쫓겨난다."고 언성을 높이기도 합니다. 목사에게는 설교보다 인격이 중요하다는 정당한 강조이기도 하고, 설교를 너무 강조하는 것에 대한 반감의 표현이기도 합니다. 설교를 못한다는 것이 드러난 이유가 되어 쫓겨난 목사는 없다는 말은 거의 사실입니다.

그러나 이 말은 언제나 맞는 말은 아닙니다. 인격의 중요성을 강조하기 위해서 설교의 중요성을 폄하하는 것은 정당하지도 않습니다. 그리고 많은 경우 그 말은 깊이 따지고 보면 사실도 아닙니다. 교인들이 목회자를 배척하면서 내세우는 표면적 이유가 아니라, 그것이 이유가 되는 근원을 따지고 들어가 보면 목회자의 설교로부터 만족을 못하기 때문인 경우가 허다합니다. 설교에 은혜를 받으며 영적 충만이 이루어지고 있을 때는 웬만한 문제는 이해되고 용서되고 지나갑니다. 그런 상황에서는 목회자의 이런저런 실수에 대하여 교인들이 나타내는 반응은 "목사님도 사람이잖아!" 하고 넘어가는 식입니다. 그러나 설교에 은혜를 받지 못하여 불만이 쌓이면, 그렇게 반응하지 않습니다. "그게 목사야?"라며 그냥 넘어가지 않게 됩니다. 모든 것이 구설수가 되고 책잡을 실마리가 됩니다. 사소한 실수도 크게 부각시켜 문제를 삼고, 견디다 못한 목사는 결국 교회를 떠나게 됩니다.

설교를 못하시니 교회를 떠나달라고 아무도 말하지 않았습니다. 그러나 목사가 목회를 내려놓고 떠나야만 되겠다고 결정하도록 목사를 찔러댄 그 많은 트집과 가시들은 "은혜 받지 못하는 설교에 대한 불만"이라는 한 몸통에서 나온 것임을 알아야 합니다. 겉으로 나타난 구실은 목회자의 도덕적 혹은 목회적 실수이지만, 그런 실수가 목회자를 배척할만한 이유가 되는 더 근본적인 근원을 찾아들어가 보면 그 목회자의 설교에 만족을 못하여 쌓인 불만이나 불신이 둥지를 틀고 있는 경우가 허다합니다. 그러므로 "설교 못한다고 쫓겨난 목사는 없다"는 말은 반쪽만 맞는 말입니다. 은혜 없는 설교에 대한 불만이 인격에 대한 트집으로 발산이 되고, 인격에 대한 불만을 갖다보니 그가 하는 모든 설교가 은혜가 안되는 악순환이 이루어집니다.

우리가 설교자의 인격이라고 할 때, 그것은 그가 타고난 좋은 성품을 말하는 것이 아닙니다. 그리고 그가 이미 도달한 완성품으로서 인품의 어떤 경지를 말하는 것도 아닙니다. 그가 일상의 생활 가운데서 자신이 타고난 성품과 성향을 어떻게 말씀으로 다스리면서 말씀대로 살아보려고 애쓰는가를 가리켜 그의 인격이라고 말합니다. 타고난 성품을 말씀으로 통제하려고 몸부림을 치며 고뇌하며 사는 모습을 목회자의 인격이라고 하는 것입니다. 그러므로 우리가 목회자는 인격이 중요하다고 말할 때, 그것은 이미 성자의 경지에 이른 완성품으로서 인격을 요구하는 것이 아닙니다. 말씀대로 살아서 완성품이 되어보려는 몸부림과 때로는 불량품의 모습으로 무너져버린 자신에 대하여 고뇌하고 고통 하는 모습으로서 인격을 말합니다. 교인들은 설교자가 일상에서 보여주는 그러한 삶의 모습을 보고 그를 신뢰하게 됩니다. 그리하여 그가 강단에서 하는 설교도 신뢰하게 됩니다. 그러한 신뢰가 근거가 되어 설교자를 영적인 지도자로 존중하게 됩니다.

사실, 목회자가 언제나 실수를 하지 않는 것은 매우 귀한 일이지만 그러나 그것은 불가능합니다. 사람은 모두 연약합니다. 그러므로 누구에게도 절대로 실패하거나 실수하지 않기를 요구할 수는 없습니다. 모두가 넘어지기도 하고, 미혹을 이겨내지 못하고 범죄 하기도 합니다. 그것은 본성이 부정한 우리 인간의 연약함입니다. 그러나 범한 잘못과 실수를 정직하게 인정하고 회개하는 일에는 실패하면 안됩니다. 그것은 연약함의 영역을 넘어, 악의 영역으로 나아가는 것입니다. 하나님은 범죄한 것에 대하여 심판하는 것이 아니라, 회개하며 돌이키지 않는 것에 대하여 심판하십니다. 설교자의 인격을 논하는 여지가 여기에 있습니다.

다시 말하면, 설교자의 인격은, 타고난 성품으로서 인격이 아니라, "말씀으로 자신을 다스리는 인격"을 의미하는 것입니다. "설교자는 먼저 자기 자신에게 설교하여야 한다"는 것도 바로 이런 의미에서 하는 말입니다. 설교자의 인격이 설교에 있어서 중요한 이유는 그것이 설교에 대한 청중의 신뢰를 만들어내기 때문입니다. 강단의 설교자와 강단 아래의 청중 사이의 관계 형성에 중대한 역할을 하는 것입니다. 청중이 설교자를 신뢰할 수 있는 관계가 형성되었을 때 청중은 자연스럽게 그의 설교를 신뢰하며 듣게 됩니다. 이런 의미에서 설교 전달의 많은 부분은 설교의 첫 마디가 선포되기 전에 이미 일어난다는 말은 부인 할 수 없는 사실입니다.

구원의 증거

구원을 벌어주는 우리의 행위란 없습니다.
그리고 행위를 만들어내지 않는 은혜도
존재하지 않습니다.
은혜 구원을 말했더니 행동이 개차반인 것을 보니
행위 구원을 말해야 값싼 은혜 신드롬을
바로 잡을 수 있다고 외치는 것은
엉뚱한 반동입니다.

구원 받을 만한 행동을 해야 한다고,
그래야 구원을 받는 것이라고 말하지 말고,
구원 받았다면
그것을 알아볼 수 있는 행동을 하라고 말해야 합니다.

신자의 행위는 정말 중요합니다.
우리가 은혜로,
그리고 성령의 역사로
구원 받은 사람이란 사실을 스스로 드러내는 방법도,

다른 사람들이
그가 구원받은 사람임을 알아보는 표지도,
행위밖에는 없습니다.

복음 설교와 도덕 설교의 차이는
행위를 강조하는가 복음을 강조하는가에
있지 않습니다.

다같이 행위를 강조하되
행동을 어떤 연유로 강조하는가에서 갈라집니다.

성경 전체가
사실은 삶을 살아내라고 주신 것입니다.
구속사는 하나의 설명 구조가 아닙니다.

그 역사에 속하라는 강력한 요구입니다.

순종이란 무엇인가

하나님께서 니느웨에 대한 심판을 거두어들이시자,
선지자인 요나와 하나님 사이에
심한 다툼이 일어났습니다.

"매우 싫어하여",
"성내어",
"성내어",
"성내어",

요나가 하나님께 쏟아 붓는 분노의 핵심은 결국
한 가지였습니다.
"왜 내가 하라는 대로 하지 않으시는 것입니까?"
"왜 내 뜻에 불순종하는 것입니까?"

하나님의 마지막 대답은 이것이었습니다.

"내가, 내가 말이다.
어디로 가면 살고, 어디로 가면 죽는지,
무엇이 선이고 무엇이 악인지,
무엇이 행복이고 무엇이 불행인지
분별을 못하고 사는
내가 지은 십이만이나 되는 인생들을
내가 아까워 하는 것이 잘못이란 말이냐?"

선지자의 불순종의 문제로 시작한 요나서에서
하나님께서
끈질기게 요나에게 가르치고, 설득하고자 하신 것은
결국 순종이란 무엇인가이었습니다.

그것은 하나님이 아까워 하는 것을 아까워 하고,
하나님이 귀하게 여기시는 것을 귀하게 여기는 것,
곧, 하나님의 마음을 갖는 것이 순종이라는 것입니다.

순종은 눈에 보이는 어떤 행동이기 전에
하나님과의 관계 문제입니다.
그리고 그 관계의 본질은
하나님에 대한 절대 신뢰입니다.

하나님을 절대 신뢰하니
그분의 뜻에 무조건 따르는 것입니다.

교회의 위력

교회가 세상 속에서 권력을 가진 중심 세력이 되면
영향력이 극대화되고,
세상 속에서 교회의 사명을 효과적으로
감당할 수 있게 될 것이라는 생각은 허구입니다.
우리는 그렇게나 착한 인간들이 아닙니다.

세속적인 정치 권력과의 연대를 통해서는
결코 세상 속에서 수행해야 할 교회의 본래 사명을
완수할 수 없습니다.
오히려 교회의 위력과 영향력을
갉아먹을 뿐입니다.

계속하여 이 사회의
주류 세력 집단으로 남고 싶은 미련과
그동안 누려온 기득권에 대한 집착을 훌훌 털고,
이제 변두리 그룹으로 남아서
신자답게 교회답게 제대로 살아보다가
주님 만날 각오를 하는 것이 우리의 지혜입니다.

교회의 진정한 위력은 그렇게 발휘된다는 것을
성경도, 역사도 분명히 가르치고 있습니다.

지금은 이 사실을
분명히 설교해야 할 때입니다.

약한 것과 악한 것

설교를 한다는 것은,
강단에서는 제대로 하나님의 말씀을 말하고,
내려와서는 내가 한 말이 맞다는 것을
몸부림치는 삶으로 증명해내는 것을 말합니다.

그리고, 삶으로 증명해내는 일에 실패한 것을
부끄러워하고 괴로워하는 것을 말합니다.

"나는 괴로워합니다"고 입을 열어 선전하는 것이
아니라,
"저 사람 괴로워하고 있구나" 하고 사람들이
알아보는 괴로움 말입니다.

실패하는 것이야 어찌합니까?
우리가 다 연약한 질그릇인 것을.

그러나 실패한 것을 인정하지도 않고
괴로워하지도 않는 것은 다른 문제입니다.
그것은 연약함이 아니라, 악함이기 때문입니다.

세상마저도 우리를
"뻔뻔한 인간들"이라고
대놓고 욕하게는 하지 않아야 합니다.

신령한 목회자

상당히 오랜 세월 동안,
신령한 목사라는 말로 목회자를 높이 평가하는 것은
매우 일반적인 일이었습니다.

그러나 지금은 거의 들을 수 없는 말이 되었습니다.
지금은 신령한 목사라는 말은 없고
실력 있는 목사라는 말만 있습니다.

물론 신령한 목사는 실력이 없는 목사이고,
실력 있는 목사는 신령하지 않은 목사인 것은
절대로 아닙니다.
둘 다 필요한데,
하나는 던져버리고,
다른 하나만 부각되고 있는 것이 문제입니다.

설교자는 실력 있는 목회자만이 아니라,
신령한 목회자여야 합니다.

설교자의 영성

설교자의 영성이란
범상치 않은 신통력을 말하는 것이 아닙니다.
영성이란 그 자신이 설교한대로 살아내려고
몸부림치는 인격을 말합니다.

그러므로 설교자는 누구보다도 먼저
자기 자신에게 설교하는 사람입니다.

오늘날 설교자들이 교회 안팎에서
존경대신 무시를 당하고,
영적 지도자로 신뢰를 받기보다는
모욕과 조롱을 당하는 결정적인 이유는
신통력이 없어서가 아닙니다.

설교한 대로 살지 않을 뿐 아니라,
그렇게 살지 못하는 것을 부끄러워하는 모습도,
괴로워하는 모습도 볼 수 없기 때문입니다.

핑계만 대고, 변명만 하고,
못들은 척 버티기만 하는 것은,
하나님의 말씀을 손에 든
설교자가 할 짓은 아닙니다.

그것은   비겁한 짓입니다.

교회로
교회되게 하라!

유학 마치고 돌아와 담임목회 시작한 지 2년 후,
만 하루의 비행기를 타고 다시 돌아가
브라운 교수님을 찾아뵈었습니다.

"강의실에서 배운 교과서의 그 교회와
매일 현장에서 대하는 이 교회가
어떻게 연결이 되는가,
목회자로서 나는 무엇을 고민하며 살아야 하는가?
그것을 여쭙고자 왔습니다."

교수님의 대답은 단호하였습니다.
"Let the Church Be the Church!"
"교회로 교회되게 하라!"

신자로 신자되게,
교회로 교회되게!
그것이 가장 시급한 문제입니다.

이 시대에 설교가 집중해야 할 일이 바로 그것입니다.

교회는 사람입니다.
건물도, 장소도, 시설도, 프로그램도 아니고
사람입니다.

그러니 교회로 교회되게 하는 일은
무엇보다도 사람과 관련된 일일 수밖에 없습니다.

일과 명분과 성과와 이런저런 탐욕에 사로잡혀 있는
눈과 마음과 강단을 이제 사람에게로 옮겨야 합니다.
어떤 댓가를 치르면서라도
"하나님께 합당히 행하게 하려고
하나님이 부르신 사람들"에게 집착해야 합니다.

사실,
그것이 오늘날 교회의 가장 절실한 문제입니다.
그리고 그 일을 이루는 가장 강력한 방편은
말씀입니다.

그러므로
설교는 다시 말씀으로 돌아가야 합니다.

급한 상황에서 가장 급한 일

하나님을 알아가는 연륜이 쌓여갈수록
더욱 확실해지는 것이 있습니다.

하나님이 들으시고 고개를 끄덕이실 만하고,
하나님이 보시고 빙그레 웃으실 만한 중심을 품으면,
난이도와 시간의 차이는 있지만,
일은 반드시 이루어지고야 만다는 사실입니다.

그러므로 급한 상황이 닥칠수록
이런 때는 어떤 중심을 품어야
하나님이 고개를 끄덕이실까,
이런 때는 어떤 마음을 품어야
하나님이 빙그레 웃으실까를 결정하는 것이
가장 시급한 일입니다.

설교자는 교인들에게
이 비밀을 알려주는 사람입니다.

청중을 변화로 이끄는 설교

우리의 설교가
청중과 소통하는 것만으로는 부족합니다.
설교자는
청중을 변화로 이끄는 설교를 고민해야 합니다.

설교의 목적은
청중과 말이 통하는 데 있는 것이 아니라,
청중을 변화시키는 데 있기 때문입니다.

말이 통하는 것이 중요한 이유는
그것이 청중을 변화로 이끄는 중요한 방편이기
때문입니다.

청중을 변화로 이끄는 설교를 하려는 설교자의 고뇌는,
설교에 크고 작은 많은 변화를 이루어내고야 맙니다.

관객들

꽤나 큰 극장에 연극을 관람하기 위하여 관객들이 자리를 메우고 있었습니다. 무대 뒤에서는 배우와 연출자가 이제 막 연극의 막을 올리려는 순간이었습니다. 그 순간 연출자가 다급하게 배우를 불렀습니다. "극장에 불이 붙었다는 연락이 왔다. 빨리 무대로 나가서 관객들에게, 극장에 불이 났으니 질서 있게 신속히 대피하도록 알려 주라." 배우가 무대로 나갔습니다. 그리고 관객들이 잘 알아들을 수 있도록 천천히 그러나 힘이 있게 말했습니다. "여러분, 지금 이 극장에 불이 났습니다. 당황하지 마시고 질서 있게 이곳을 신속히 떠나십시오!" 그러자 관객들은 이 배우를 향하여 박수를 쳤습니다. 그리고는 그대로 앉아서 꿈쩍도 하지 않았습니다.

배우가 무대 뒤로 와서 연출자에게 이 사실을 말했습니다. "제게 박수를 치고는 아무도 움직이지 않습니다." 연출자가 소리를 질렀습니다. "빨리 다시 나가서, 이 극장에 불이 났으니 질서 있게 신속히 이곳을 빠져나가라고 말하라!" 배우가 다시 무대로 나갔습니다. 그리고 이전보다 더 다급하고도 극적인 음성과 몸짓으로 말했습니다. "여러분, 지금 이 극장에는 불이 났습니다. 신속히 이곳을 빠져나가야 합니다. 질서를 지켜서 대피해주십시오!" 배우의 말이 끝나자 관객들은 다시 우레와 같은 박수를 쳤습니다. 감동적인 음성과 제스처에 관객들은 감동을 받은 것이었습니다. 배우는 마지막 인사를 하고는 극장을 빠져나가는 관객들을 보려고 잠시 서 있었습니다. 그러나 한 사람도 자리에서 일어서지 않았습니다. 꿈쩍도 않고 모두 그대로 앉아 있는 것이었습니다.

당황한 배우는 다시 무대 뒤로 뛰어 들어갔습니다. 그리고 그 사실을 연출가에게 보고했습니다. 연출가가 다시 소리를 버럭 질렀습니다. "이미 시간이 늦어지고 있어! 빨리 나가서 이미 시간이 촉박하니 빨리 대피하라고 관객들에게 외치란 말이야!" 배우가 뛰어나갔습니다. "여러분, 큰 일 났습니다. 이 극장은 이미 불길에 휩싸이고 있습니다. 시간이 없습니다. 신속히 대피해 주십시오. 여러분을 사랑합니다....!" 그러자 이번에는 모든 관객들이 자리에서 벌떡 일어섰습니다. 그리고는 우레와 같이 기립박수를 쳐댔습니다. 그 배우의 실감나는 연기에 보내는 찬사였습니다.

키에르케골이라는 철학자가 오래 전에 했다는 이야기를 내가 약간 각색한 것입니다. 키에르케골은 이 이야기의 제목을 "설교"라고 붙였습니다. 불이 나서 곧 타 죽게 될 처지에 있다는 긴박한 말을 하고 있으면서도 실제로는 한 사람도 자리를 박차고 일어나서 대피하게 하지는 못하는 무능한 설교에 대한 빈정댐일 것입니다. 그런가 하면 설교를 통하여 선포되고 있는 메시지에는 관심도 없이 다만 극장의 관람객처럼 설교를 즐기는 관객 교인들에 대한 신랄한 비웃음이기도 합니다. 선포되고 있는 말씀의 내용과 요구에는 아무런 관심도 없고, 그것을 얼마나 재미있게 하는가, 얼마나 감동적으로 하는가, 얼마나 세련된 연기로 하는가에 온통 관심이 집중되어 있는 오늘날의 많은 교인들을 이 철학자는 이렇게 비웃고 있는 것입니다.

이 나라 교인들의 심각한 문제 가운데 하나도 바로 이 문제입니다. 마치 유명한 가수에게 오빠 부대 몰리듯 소위 "좋은 설교"를 찾아서 교인들이 떼를 지어 이리 저리 몰려다닌다는 것이 어제 오늘의 이야기가 아닙니다. 어떻게 해서든지 말씀을 잘 배워서 그대로 살아보고 싶은, 말씀에 대한 갈급함 때문에 그러는 교인들도 있습니다. 그러나 훨씬 더 많은 교인들은 제대로 된 설교를 듣고 그대로 살아보려고 듣는 것이 아니라, 그 설교자가 그 설교를 어떻게 하는가를 보려고 설교를 듣습니다. 그러는 사이에 강단은 무대가 되고, 목사는 직업 연기자가 되고, 교인들은 연기를 즐기는 관객이 되고 있습니다. 그래서 불이 훨훨 타고 있는 집에 있으면서도 뛰쳐나가 대피하는 사람은 없는 위험한 상황이 닥치고 있습니다. 사람을 살리려는 생명의 원리가 아니라, 사람을 끌어 모으려는 사업의 원리로 설교를 내세우는 우리 설교자들의 책임이 무한대로 큽니다. 그러나 헌신의 태도가 아니라, 부담 없이 설교를 즐기려는 관객의 태도로 설교를 듣는 교인들의 책임도 또한 작다 할 수 없습니다.

문득 예레미야의 말씀 한 구절이 떠오릅니다. "이 땅에 기괴하고 놀라운 일이 있도다. 선지자들은 거짓을 예언하며 제사장들은 자기 권력으로 다스리며, 내 백성은 그것을 좋게 여기니 그 결국에는 너희가 어찌하려느냐?" 선지자와 제사장과 백성이 각각의 잇속을 챙기기 위하여 야합하여 한 통속이 되어버린 세상에 대한 두려운 책망입니다.

개혁주의 실천가

개혁주의를 외치는 것으로는
세상을 바꿀 수 없습니다.
개혁주의로 살아야 세상을 바꿀 수 있습니다.

설교자는 개혁주의 해설가가 되지 말고,
개혁주의 실천가가 되어야 합니다.

사나운 개혁주의자 말고,
부디, 따뜻한 개혁주의자가 되어야 합니다.

설교도,
찌르고 베는 설교가 아니라,
감싸고 세우는 설교를 해야 합니다.

혹시 의도적으로 찌르고 베었다 할지라도,
결국에는 감싸고 세워서 보내야 합니다.

설교는 최후의 심판 선언이 아니라,

    사람을 살려내려고 하나님이 찾아오시는
        은혜의 기회이기 때문입니다.

기본으로 돌아가라

말라기서는 구약역사의 끝자락을
방탕하게 살고 있는 하나님의 백성에게
"만군의 여호와"라고 이름을 내세우며 나타나신
하나님의
준엄한 책망과 간절한 사랑을 담고 있습니다.

하나님의 책망은
결정적으로 제사장들을 향하고 있습니다.
말라기 전체의 절반 가까이가 제사장들을 대상으로
삼고 있습니다.

이러한 사실은 오늘날의 우리를 경악하고 두렵게
만듭니다.
그들이 책망 받고 있는 그 죄상들 가운데서
영락없는 우리의 모습을 보기 때문입니다.

한국교회의 가장 큰 골칫덩어리는 목회자들이라는
교회 안팎의 질책은 전혀 빈말이 아니라는 것을
누구도 부인할 수 없는 지경이 되었습니다.

우리는 이제 기본으로 돌아가야 합니다.

하나님과의 관계의 기본으로 돌아가야 합니다.
그래야 인간의 기본으로 돌아갈 수도 있습니다.
신앙의 기본으로 돌아가야 합니다.
그래야 일상의 만사가
정상적으로 돌아갈 수 있습니다.

> 기본으로 돌아가기의 첫 걸음은
> 강단에 있습니다.

말씀을 선포하는 사람

설교자는 청중이 들어야 할 하나님의 말씀을
선포하는 사람입니다.

구약시대에 이것은
거짓선지자와 참선지자를 구별하는
중요한 표지이기도 하였습니다.

베드로는 청중이 들어야 할 말씀을 선포하여
3천명을 얻었고,
스데반은 청중이 들어야 할 말씀을 선포하다가
돌에 맞아죽었습니다.

그러나
둘 다 하나님 앞에서 성공한 설교자였습니다.

금기시하는
주제들을 설교하는 용기

죽음이 임박한 바울이
디모데에게 보내는 편지를 마무리하면서 하는 말은
이 한 마디였습니다.
"말씀을 선포하라!"
"Preach the Word!"

이것은 엄중한 명령이면서,
마지막 간곡한 부탁이었습니다.(디모데후서 4:1-5)

사도가 그렇게 하는 이유는
"이 세대가 말씀 듣는 것을 싫어하기 때문"
이었습니다.

이 시대 청중이 부담스러워하는 말씀은
설교하지 말아야 한다는
우리의 생각과는 정반대의 논리를
사도는 펴고 있는 것입니다.

오늘날의 설교자에게 필요한 것은
효과적인 설교를 위해서라는 명분으로
금기시하고 있는 주제들을

성경의 가르침이라는 이유로
과감하게 설교하는 용기입니다.

회개

아하시야는 아합의 아들입니다.
그는 2년밖에 왕 위에 있지 않았지만,
역사상 가장 악했던 아버지 아합 만큼 악하다는
단정을 받을 정도로 악한 왕이었습니다.

그의 악행의 본질은 크게 두 가지로 요약됩니다.
하나님 밖에서 문제의 답을 찾으려 한 것과,
계속해서 주어지는 회개의 기회를
끝까지 거부한 것입니다.
그에 대한 성경의 마지막 진술은 이것입니다.
"여호와의 말씀대로 죽었다!"

죽을 운명에서도 살아남는 자가 있는가 하면,
살아남을 기회에서도 죽음의 길을 가버리는 자가
있습니다.
"회개"가 그 비밀입니다.

그러므로 죄를 지적하고 회개를 촉구하는 설교는
청중의 마음에 부담을 주는 어리석음이 아니라,

청중을 살아남는 길로 인도하는 지혜입니다.

회개 설교

사람은 모두가 연약합니다.
그러므로 누구에게도 절대로 죄를 짓지 말기를
요구하는 것은
잘못입니다.

죄를 짓지 않는 사람과
죄를 짓는 사람이 있는 것이 아니라,
회개하는 죄인과
회개하지 않는 죄인이 있을 뿐입니다.

회개를 설교하는 것은
피곤하고 지친 이 시대의 교인들에게는
적합한 메시지가 아니라는 것은 속임수입니다.

사람은 자기가 하나님 앞에서 죄인인 것을 고백하고
그것을 진심으로 회개할 때

심장으로부터 터져 나오는 통쾌함과 진정한 자유를
비로소 경험하게 되는 법입니다.

오늘날 교인들에게 필요한 것은 부담이 아니라
평안이라며
죄와 회개의 메시지는 일부러 덮어버리고,

용서의 하나님이시니 괜찮다고 위로하고,
하나님은 당신을 있는 모습 그대로 사랑하시니
담대하라고 외쳐대는 설교가 주는 것은
위장된 거짓 평안일 뿐이라는 사실을
정직한 교인들은 머지않아 스스로 깨닫게 됩니다.

그리고 그런 설교 들은 것을 후회합니다.

아니, 그런 설교자 만나서 속아 산 것을
불행해 합니다.

그러므로 설교자에게는
교인들이 복 받기를 원하는 간절함만큼
교인들이 회개하기를 원하는 간절함이
동시에 있어야 합니다.

죄인이 회개하지 않고
　　　　　　복을 받는 일은 없기 때문입니다.

헌신

하나님이 지금도
우리의 헌신을 귀하게 여기시는 것은,
그것이 하나님께 무슨 도움이 되어서가 아닙니다.

우리가 하나님을 사랑한다는
눈에 보이는 증거이기 때문입니다.
헌신은 사랑이 만들어내는 열매입니다.
하나님께나 우리에게나
언제나 가장 중요한 것은 사랑입니다.

그런데도 교인들이 부담스러워한다는 이유로
헌신을 설교하지 말라는 것은

영리한 상술은 되어도,
경건한 신앙은 아닙니다.

참된 평안

교인들은
지옥을 말하는 설교를 싫어하는 것이 아닙니다.
지옥 설교를 지옥같이 하는 것을 싫어합니다.
헌신을 강조하는 설교를
강도 만나 강탈을 당하는 것처럼 하고,
죄를 지적하고 회개를 강조하는 설교를
협박과 공갈을 당하는 것처럼 설교하는 것을
싫어할 뿐입니다.

사람은 자신이 하나님 앞에서 얼마나 큰 죄인인가를
깊이 깨닫고
그분 앞에서 통곡하며 회개할 때,
영혼 깊은 곳으로부터 우러나오는 참된 해방감과
깊은 평안을 드디어 경험하게 됩니다.

이것은 우리 자신의 경험에서도 자주 확인되는
사실입니다.

그리스도 없는 기독교

하나님의 명령이 얼마나 준엄하며,
우리는 범법자들로서 하나님 앞에 서 있다는 사실을
유야무야 얼버무리거나 덮어주는 것은
사실은 친절하거나 사려 깊은 것이 아니라,
오히려 잔인한 것이라는 주장은
천번 만번 맞는 말입니다.

설교를 그렇게 하는 것은
결국 그리스도의 죽음과 부활을
제거해버리는 것이고,
십자가의 죽음이 부활로 뒤집어지는
구속역사의 대반전에서
청중을 제외시켜버리는 범법 행위입니다.
그것은 기독교를 "그리스도 없는 기독교"로
변질시키는
길잡이이기도 합니다.

우리의 설교는 청중의 필요 충족을 위하여
그리스도를 이리저리 바꾸는 것이 아니라,
그리스도를 위하여
청중의 욕구를 이리저리 바꾸는 것이어야 합니다.

청중이 환호하며 인정할 수 있는 그리스도를
만들어내는 것이 아니라,
그리스도께서 기뻐하며 인정하실 만한 신자를
길러내는 데에
설교의 책임과 목적이 있습니다.

궁극적으로는 이것이야말로
청중에 대한 진정한 애정입니다.

건달이 되지 말고, 목회자가 되십시오!

황우석 박사는 줄기세포와 동물 복제로 한 때 온 국민의 기대를 한 몸에 받았던 영웅 과학자였습니다. 그러나 10 수년 전, 황우석 박사가 어떻게 온 나라를 요동치게 만들고 비참한 모습으로 몰락했는지 이 나라 국민 다수가 아직도 생생하게 기억하고 있습니다. 수년이 흐른 뒤 한 기자가 그를 만나서 인터뷰한 기사를 보았습니다. 그 중에 몇 대목은 나에게도 두려운 경고의 나팔 소리처럼 한동안 가슴 속에서 계속 메아리쳤습니다. 인터뷰에서 그가 한 말들이 잊혀지지 않았습니다. 그가 그 치욕적인 값을 치르고 깨달았다는 그 사실은 바로 우리 목회자들에게도 똑같이 적용되는 진리라는 생각 때문이었습니다.

- 돌이켜 보니 어떤 생각이 들던가요?
"과학자는 결코 양지를 추구해서는 안 된다, 그게 (과학자의) 숙명이라는 깨달음이 들었습니다."

- 양지란 뭐죠?

"사회적 명예, 안락함, (한마디로) 남들이 떠받들어 주는 거죠. 그것은 과학자의 길과 양립할 수 없다는 결론을 얻었습니다."

- '양립할 수 있다'고 생각했나요?

"아무 생각이 없었죠. 천지간에 아무것도 모르고 그저 둥둥 떠다녔던 겁니다. 철이 없었던 거죠."….."(당시) 나는… 건달이나 다름없었어요. 과학자가 아니었어요. 과학자는 실험실에서 나오는 순간 길에서 벗어나는 것이라는 것을, 그때는 몰랐습니다."

- 실험실 밖 세상은 좋던가요?

"터널(실험실) 안에 있을 때는 춥고 어둡고 배고팠어요. 그런데 그게 진정한 행복이란 걸 몰랐어요. 하지만 이제 저는 제가 어디에 있어야 할지 찾았습니다. 앞으로는 두 번 다시 그 달콤한 햇빛 근처에는 안 갑니다. 데어요. 화상을 입습니다. 따뜻한 곳에는 항상 불이 있다는 것을 알았어요. 1도 화상이냐, 저처럼 3도 중화상이냐 하는 정도의 차이지…."

"당시 나는 건달이나 다름없었어요. 과학자가 아니었어요."라는 황우석 박사의 말은 지금도 나에게는 이렇게 바뀌어 되뇌어집니다. "나는 건달이나 다름없었어요. 목회자가 아니었어요!" 그리고 이것은 이 시대의 수많은 목회자들이 직면하는 가장 큰 위험이기도 합니다. 목회자가 해야 하는 가장 중요한 일은 말씀과 기도의 고독한 터널 안에서 치열한 싸움을 하고, 그 결과를 들고 강단 아래의 교인들 앞에 서는 것입니다. 황 박사의 말처럼, 그 터널의 현장을 떠나는 순간 우리는 길에서 벗어나고, 건달이 되는 것입니다. "그 터널 안에 있을 때는 춥고 어둡고 배고팠어요. 그런데 그게 진정한 행복이란 걸 몰랐어요. 앞으로는 두 번 다시 그 달콤한 햇빛 근처에는 안 갑니다!" 수년 동안의 치욕과 몰락의 구렁텅이를 허우적거리며 이제야 깨달았다는 이 과학자의 교훈이 단순히 그 사람 개인이나, 과학자의 분야에만 해당되는 남의 말처럼 들리지 않는 이유는 우리 목회자들도 본질이 같은 자리에 있기 때문입니다.

우리는 에너지를 너무 밖에 많이 쓰고 있는 것인지도 모릅니다. 목회자의 길과 양립할 수 없는 것을 추구하느라 우리에게 주신 은사들을 너무 허비하고 있는 것인지도 모릅니다.

부디, 건달이 되지 말아야합니다. 황 박사의 말대로, 어디에 있어야 할지를 찾아, 그 터널 속으로 속히 돌아가야 합니다. 거기에 목회자의 참 행복이 있습니다. 목회자 한 사람은 단순히 사람 하나가 아닙니다. 교회 하나입니다. 오늘 날 이 사회에서 기독교가 이 지경으로 모욕과 수모를 당하면서도 별로 할 말이 없는 처지가 되어버린 책임은, 교인들보다는 훨씬 더 우리 목회자들에게 있습니다. 양지를 찾아서 터널을 떠나는 우리 목회자들이 문제인 것입니다. 권력의 주변을 서성거리지도 말고, 부와 번영의 양지를 넘보지도 말아야 합니다. 주님께서 부르시고, 이 사회와 우리의 교인들이 기대하는 터널 안에 있어야 합니다. 기도와 말씀과 정직과 진실과 공의와 고독의 터널 안에 있어야 합니다. 황 박사의 말처럼, 춥고 어둡고 배고파도 그 터널 안에 있는 것이 진정한 행복입니다. 그것이 우리의 영광이고 우리의 가치입니다. 한국교회 목회자들은 이 사실을 알아야 합니다. 고린도전서 4:1-4에서 사도 바울이 단호하게 선언하는 것처럼, 다른 사람이 나에 대하여 뭐라고 하는가에 휘둘리지도 말고, 내 양심의 떳떳함을 내세워 방자하지도 말고, 흔들림 없이 한 길을 가야 합니다. 그리고 그렇게 흔들림 없이 한 길을 가는 한 가지 이유는 그것이 주님의 길이요, 그분께서 인정해주실 길이기 때문입니다.

설교를 한다는 것은, 강단에서는 제대로 하나님의 말씀을 말하고,
내려와서는 내가 한 말이 맞다는 것을
몸부림치는 삶으로 증명해내는 것을 말합니다.

가는 길 5
그 길의 끝

**설교는 영광이고,
설교자의 길은 명예이다**

설교자로 사는 복

설교가 무엇인지,
어떤 연유로 내가 설교자로 있게 되었는지,
그리고 설교를 통하여 하나님이 마침내 이루고자
하시는 것이 무엇인지를
정확히 이해한다면,

설교는 어떤 순간에라도 즐거운 것입니다.
그리고 영광스러운 것입니다.
설교자로 산다는 것은 어떤 상황에서도
복입니다. 그리고 명예입니다.

무엇에 의해서도
이 즐거움과, 이 복을 누릴 특권을,
그리고 이 영광스러운 명예를
빼앗기지 않아야 합니다.

말씀을 전파하라

또 다시 많은 제자들이 신학교를 졸업하고
현장으로 나아갑니다.
교회가 문을 닫는 것이 일상화되고 있는
험한 현장으로
졸업장 한 장 손에 들려
그들을 내보냅니다.

안쓰러운 마음, 미안한 마음,
그리고 눈물을 흘리는 마음으로 권해봅니다.
"말씀을 전파하라!"
"Preach the Word!"

그리고 기대를 품어봅니다.
하나님의 말씀을 전파하는 설교자들로
이 시대에 우뚝 서는 모습을 머잖아 보게 되기를!

설교자의 길

75세에 난생 처음 하나님을 만났던 아브라함에게
45년 가까운 세월이 흐른 뒤에 하나님이
이름을 부르며 찾아오셨습니다.
그리고 100세에 얻은 아들을 번제로 요구하셨습니다.

숱한 고민과 괴로움이 있었겠지만
아브라함은
그래도 하나님께 순종하기로 최종 결론을 내리고
아침 일찍 일어나 이삭을 데리고
번제를 드리기 위한 길을 떠났습니다.

하나님이 정해주신 장소를 향하여
3일 길을 걸어갔습니다.
그런데 하나님은 3일 내내 아브라함에게
아무런 말씀도 없으시고,
아들을 데리고 산길을 올라가는 중에도
하나님으로부터는 어떤 응답도 없었습니다.

잘 하고 있는 것인지,
하나님이 알고나 계시는 것인지,
아브라함은 하나님으로부터 어떤 신호나 징조도
없는 그 길을
혼자서 가야 했습니다.

때때로 우리가 가는 길은
그것이 하나님의 말씀을 순종하는 거룩한 길임에도
하나님께 아무런 신호도 응답도 없이 가야만 하는
때가 있습니다.

어느 때는 거룩한 하나님의 길을 가는데도
하나님께 어떤 응답도 격려도,
알아주신다는 신호도 없이

혼자서 외롭게 가야 되는 때가 있습니다.

때로는 아무런 열매도 확인도 없는
오랜 길을 가야만 하는
설교자의 길도

     그 길 가운데 하나일 것입니다.

고독한 몰입

엘리야의 삶을 깊이 들여다 보노라면 언제나
"고독한 몰입"이라는 한 마디로 결론이 납니다.
아무런 성과도 그리고 대가도 보장되지 않는 길을
혼자서 무작정 가고야 맙니다.

하나님께, 그분의 부르심에,
그리고 그 분의 말씀에 모든 것을 걸고 사는
설교자의 운명이 그것입니다.

"고독한 몰입"

"킬리만자로의 표범"의 한 구절이 떠오르곤 합니다.

"사랑이 외로운 건 운명을 걸기 때문이지
모든 걸 거니까 외로운 거야
사랑도 이상도 모두를 요구하는 것
모두를 건다는 건 외로운 거야."

설교에 모든 걸 거니까 외로운 것이고,
그래도 그 길을 벗 삼아 몰입하는 것이
설교자의 복된 운명입니다

노래는 이렇게 이어집니다.

"오늘도 나는 가리 배낭을 메고
산에서 만나는 고독과 악수하며
그대로 산이 된들 또 어떠리"

사모님의 마무리 펀치

설교자는 때때로 한없는 외로움을 느끼곤 합니다. 주일 오후예배 후, 하루의 모든 사역이 끝나고 교인들도 다 집으로 돌아가 버린 텅 빈 예배실을 보고 있으면 하루의 은혜가 감사하기도 하고, 또 보람과 감동이 있기도 합니다. 그러나 때로는 엄습해오는 왠지 모를 허전함이나 쓸쓸함에 젖어서 힘없는 발걸음으로 집에 돌아오기도 합니다. 나의 경우는 후자가 더 많았습니다. "너희가 다 각각 제 곳으로 흩어지고 나를 혼자 둘 때가 오나니 벌써 왔도다. 그러나 내가 혼자 있는 것이 아니요, 아버지께서 나와 함께 계시느니라." 스스로를 위로해보려고 긴긴 고별 설교를 마치며 마지막에 하시던 주님의 말씀을 중얼거려보기도 합니다. 하지만, 왠지 쓸쓸해지는 것은 어찌할 수 없을 때가 있습니다. 더욱이 그날 설교가 만족할 만하게 되지 않았을 때는 더욱 그러합니다. 심한 자책감과 수치심과 무력감, 자괴심, 그러다가 설교 사역에 대한 좌절감. 이런 것들로 범벅이 된 채 복잡한 심사로 주일 저녁을 마무리하며 돌아오는 것입니다. 이런 날이면, 목사는 마치 10라운드를 다 뛰고 비틀거리며 간신히 몸을 지탱하고 있는 링 위의 권투선수처럼 몸과 마음이 지쳐있게 됩니다.

사실 설교자는 때때로 위로가 필요하고 격려가 필요한 사람입니다. 그리고 그 위로와 격려를 가장 효과 있게 해줄 수 있는 가장 가까이에 있는 사람은 설교자의 아내입니다. 그러나 상당수의 설교자들이 아내로부터 위로와 격려 대신 오히려 예리한 비평과 비난을 받곤 합니다. 한 번은 어느 목사님께서 아내가 남편의 설교를 평가하고 지적해주는 것을 어떻게 생각하느냐고 물으셨습니다. 그러면서 당신 자신의 이야기를 들려주었습니다. 그 목사님의 말을 듣고 있자니 그것은 질문이 아니고, 하소연이었습니다. 매번 아내가 설교의 잘못된 점을 지적해주는데 정말이지 자기는 괴롭다는 것이었습니다. 더 이상 설교를 할 자신이 서지 않는다는 것이었습니다. 매주일 저녁이면 그날의 설교를 놓고 아내에게 지적당하며 혼나야 하는 설교자는 그다지 행복한 설교자가 아닙니다.

물론 남편의 설교를 돕고 발전시키겠다는 열성은 감사한 일입니다. 그리고 아내의 설교 비평과 조언이 실제로 자신의 설교에 많은 도움이 된다는 목사님을 만난 적도 있습니다. 그러나 어느 경우에는 사모님의 설교 평가가 본의 아니게도 그렇잖아도 설교를 잘못했다는 자책과 위축감, 그리고 무력감으로 비틀거리는 링 위의 남편에게 마지막 마무리 펀치를 날려버리는 일이 될 수도 있음을 알아야 합니다. 그리고 목사의 아내도 은혜를 받기 위해서 설교를 듣고, 은혜를 받고 자신이 자라가야 할 사람이지, 오늘은 어떤 점을 지적해줄까를 찾기 위하여 설교를 들어야 할 사람은 아닙니다. 또한 사모님의 설교 비평이 이론적으로든지, 신학적으로든지, 그리고 실제에 있어서도 언제나 타당하거나 혹은 효과를 발휘할 수 있는 안목에서 온 것이라고 하기가 어려울 때도 있습니다.

사실 설교학자들 가운데는 목사의 설교를 발전시키기 위한 방법으로 설교평가그룹(Sermon Evaluation Group)을 교회 안에 설치하여 운영하라고 제안하는 이들이 있습니다. 교인들 가운데 안목이 있는 몇 사람을 선정하여 들은 설교에 대한 평가를 나누는 그룹을 운영하라는 것입니다. 나는 앞에서 사모님의 설교 비평에 대하여 반대한 것과 동일한 두 가지 이유로 이 제안에 대하여 부정적인 입장을 취합니다. 그 교인들도 은혜를 받기 위하여 설교를 들어야지, 설교 후에 무엇인가를 지적하며 평가서를 만들기 위하여 설교를 들어서는 안되기 때문입니다. 설교를 평가하기 위하여 듣는 것과, 설교를 듣고 은혜를 받아 그대로 살기 위하여 설교를 듣는 것은 듣는 태도나 들은 결과가 하늘과 땅만큼 다를 수밖에 없습니다. 그리고 그들의 설교 평가를 위한 안목의 전문성 문제 때문입니다. 설교 평가가 자칫하면 설교를 들으며 느낀 주관적인 막연한 소감정도에 그칠 수도 있고, 멋진 평가를 목적으로 한 실효성 없는 평가로 흐를 수도 있습니다.

그날의 설교를 놓고 남편과 아내가 즐거운 마음으로 건설적인 대화를 나누는 것은 서로에게 은혜가 됩니다. 그러나 목사님의 설교에 대한 일방적인 약점 지적과 비난성 비평은 서로에게 은혜롭지도 않을 뿐 아니라, 지혜롭지도 않습니다. 주일 사역을 마치고 집에 돌아온 설교자에게는 위로와 격려가 필요합니다. 왠지 모를 허전함과 지친 기분으로 집에 돌아 온 그 저녁에는, 차라리 케익 한 조각에 따끈한 차 한 잔을 서로 나누며, "오늘 설교 참 좋았어요. 당신의 설교를 위해서 저도 더 기도할게요." 하는 위로와 격려의 한마디가 다운된 남편을 다시 링 위에 일으켜 세우는 효과 있는 처방일 수도 있습니다.

이제 죽어도 여한이 없다

황진이라는 영화를 찍은 장윤현 감독이
영화 촬영을 마치고 쫑파티를 하면서 그랬다 합니다.
"이제는 죽어도 여한이 없다!"

그 영화에 그만큼 전력을 다 쏟아부었다는 것을
그렇게 말한 것이지요.

내게 더 이상 무엇이 남아있지 않을 만큼
전력을 다했다는 점에서
우리 설교자들도 한 편의 설교를 끝내고 내려오면서
그렇게 말할 수 있어야 하는데...

그리고 그렇게 한 편 한 편으로 이어져온
설교자의 인생을 마치는 그 길의 끝에서
그렇게 말 할 수 있어야 하는데...

"이제 죽어도 여한이 없다!"

하나님
절대신뢰

"그런데 내가 앞으로 가도 그가 아니 계시고
뒤로 가도 보이지 아니하며,
그가 왼쪽에서 일하시나 내가 만날 수 없고,
그가 오른쪽으로 돌이키시나 뵈올 수 없구나!"

욥의 답답한 심정과 간절한 마음이
어느 때보다 실감이 납니다.
하나님의 침묵보다 더 견디기 힘든 것은,
하나님이 없다는 것을 증명이라도 하듯이
현실 권력이 휘두르는 횡포입니다.

그러나,
나도 욥의 말을 나의 고백으로 그냥 쏟아봅니다.

"그러나 내가 가는 길을 그가 아시나니,
그가 나를 단련하신 후에는 내가 순금 같이 되어
나오리라!"

이런 우리를
어느 사람들은 무지몽매한 광신자라고 비웃지만,
어느 사람들은 용기 없는 자의 비겁한 현실 도피라
고 비난하지만,

우리는 이것을 광신이 아니라,
피안으로의 현실 도피가 아니라,
하나님에 대한 "절대 신뢰"라고 부릅니다.

우리의 설교는 절대 절망의 현실에서
절대 소망을 선포하고,
하나님이 안보이는 현장에서
하나님을 보게하는 것입니다.

말이라도 멋있게 해보려는
허세가 발동해서가 아닙니다.

                    그것이 사실이기 때문입니다.

Stay there

자식 하나 낳듯 하여 설교 한 편 들고 섰는데, 청중의 반응은 싸늘하기만 하고, 숱한 세월 설교에도 그들의 삶은 요지부동이어서, 한없는 서운함과 무력감에 설교자로 사는 삶이 서러울 때가 설교자에게는 있습니다. 그러다가, 설교라는 것이 정말 효과가 있는 것인지, 도대체 교회에 설교가 필요하기나 한 것인지, 허공에 소리치고 인생만 허비하고 있는 건 아닌지, 한없는 좌절과 자괴감에 파묻히곤 합니다.

그러나,
설교는 교인들을 상대로 하고 있지만,
설교자로서 직분은
하나님을 상대로 하고 있다는 사실을
잊지 말아야 합니다.
그것이
우리가 흔들리지 않고 한 길을 가는 이유입니다.

Stay there!

Please, stay there!

설교의 시대는 지났는가?

한 시대가 암흑기에 접어들었을 때 거기에는 반드시 잠든 교회가 있고, 잠든 교회가 있는 곳에는 잠든 교인들이 있고, 잠든 교인들이 있는 곳에는 반드시 잠든 강단이 있다는 말이 있습니다. 설교가 얼마나 중요한 것인가를 강조하기 위하여 한 말일 것입니다. 그러나 오늘날 목회자들도 그렇게 설교의 중요성을 인정하고 있는지 잘 모르겠습니다. 그러나 설교자들이 설교에 전력을 기울이지 않고 있다는 것은 부인할 수 없는 현실입니다. 설교의 중요성에 대한 인식이 약해진 탓일 수도 있고, 시대의 변화로 말미암아 목회자가 수행해야 할 사역의 영역이 다양화된 탓도 있을 것입니다. 어쩌면 할 일이 너무 많아져서 설교에 전력을 투구하는 것은 물리적으로 불가능하기도 할 것입니다. 어느 교회 젊은 교인들이 모인 자리에서는 오늘날 목회라는 이름 아래 목회자들이 행하는 온갖 사역들을 보면서, 만약 그런 일들을 하는 것이 목회라면 목회자가 반드시 목사일 필요는 없겠다며 목회자들을 빈정대더라는 말을 들은 적이 있습니다. 하나님의 말씀을 전하는 일에 전념하지 않고 자기들이 하면 더 잘 할 수 있을 다른 일들에 분주한 목회자들을 그렇게 비아냥거린 것입니다.

설교를 다른 프로그램으로 대체하면서 설교의 우선순위를 내려놓는 목회자들이 흔히 하는 말은 설교만으로는 목회가 안된다는 것입니다. 그리고 설교가 목회의 전부가 아니라는 것입니다. 그러나 설교가 목회의 전부는 아니라 할지라도, 설교가 목회의 전부를 좌우하는 결정적인 관건이라는 것은 부인할 수 없는 사실입니다. 목회란 설교만 가지고는 안된다는 말도 사실이지만, 설교의 성공 없이는 아무것의 성공도 불가능하다는 말도 사실입니다. 설교의 성공 없는 제자훈련의 성공이란 허구라는 것은 제자 훈련의 전문가들이 공공연히 인정하는 사실이기도 합니다. 설교의 성공 없는 교인 사역 훈련 프로그램은 장기적으로는 결국 지치고 곤고한 교인들을 만들어내고야 만다는 것도 현장에서는 다 아는 사실입니다.

그런데도 설교에 전력을 투구하지 않으면서 "설교로는 안된다"는 변명을 내세우며 다른 데로 눈을 돌리는 것은 책임 회피입니다. 그리고 "그래도 설교는 나름대로 잘 하는 편인데..." 하면서 자신이 당연히 설교를 잘하고 있는 것처럼 생각하면서 그것을 설교로는 안된다는 증거인 것처럼 내세우는 것은 교만이기도 합니다. 어떤 설교자들의 말처럼 "요즘 교인들은 설교에 별 관심이 없다"는 것을 이유로 내세우며 설교에 진력하지 않는 것은 사실이 아닌 것을 가지고 교인들에게 책임을 전가하는 비겁함이기도 합니다. 교인들은 설교에 식상해 하는 것이 아닙니다. 설교 같은데 설교가 아닌 것에 대해서 식상해 합니다.

여전히 교인들의 마음 한복판에는 설교를 듣고 싶은 소원이 있습니다. 그들의 믿음이 자라고 하나님을 더 사랑하게 될수록 그 소원은 더욱 확고해집니다. 아직도 많은 교인들에게 있어서 교회에 간다는 것은 설교 들으러 간다는 것과 같은 말입니다. 물론 그것이 옳은 것은 아니지만 현실은 그렇습니다. "모든 피조물들이 하나님의 아들들이 나타나기를 고대"하듯이(롬 8:19), 모든 성도들은 하나님의 말씀을 능력 있게 선포하는 설교자들이 나타나기를 고대합니다.

그러므로 설교를 KBS의 "개그 콘서트"에 보내도 손색이 없을 우스갯소리로 시종일관하거나, 설교자 본인 외에는 아무도 알아들을 수 없는 어려운 사변으로 채우는 것도 설교를 설교 아닌 것으로 만드는 일입니다. 본문의 해석이 없이 청중을 휘어잡는 잘 전달된 설교는 감언이설이 되기 쉽고, 전달이 안되는 심오한 깊이가 있는 본문 해석은 무용지물이 되기 쉽습니다.

그러나 오늘날은 최고 경영자 같은 목회자는 점점 많아지고, 연예인 같은 목회자도 많고, 이벤트 기획자 같은 목회자도 많으나 말씀에 목숨을 건 목회자는 많지 않아 보입니다. "내가 다시는 여호와를 선포하지 아니하며 그 이름으로 말하지 아니하리라 하면 나의 중심이 불붙는 것 같아서 골수에 사무치니 답답하여 견딜 수 없나이다"는 구약 선지자의 가슴이 미어지는 호소나, "너는 말씀을 전파(설교)하라 때를 얻든지 못 얻든지 항상 힘쓰라"는 신약 사도의 준엄한 경고에 우리는 정신을 차려야 합니다.

예나 지금이나 여전히 목회자에게는 결국은 설교가 문제라는 사실을 명심하여야 합니다. 하나님의 말씀을 제대로 들을 때 교인들은 에스겔 골짜기의 마른 뼈다귀 더미에서라도 일어나 군대가 될 수 있습니다.

가지 말아야 할 길

솔로몬이 죽자 아들 르호보암이 그 자리를
이어받았습니다.
백성들은 새로운 정치에 큰 기대를 품고
새 왕을 찾아와 그간의 어려운 사정을 풀어주도록
요청하였습니다.

르호보암은 정책 결정을 위하여
자문단을 가동하였습니다.
그는 백성의 요청을 들어주라는
연륜이 있는 어른들의 자문을 버리고,
더 심하게 백성을 눌러버리라는
주변 친구들의 자문을 흔쾌히 따랐습니다.

그것이 르호보암이 택한 길이었습니다.

왕이 폭군 정치 노선을 선언하자
나라가 둘로 갈라져버렸습니다.
열두 지파 가운데 열 지파가 똘똘 뭉쳐서
여로보암을 왕으로 추대하여
북왕국 이스라엘을 세우고
독립해버렸습니다.

그리고 추대 받은 왕 여로보암은
자기의 왕위를 지키기 위해서라면
무슨 짓이든지 하는 왕이 되어버렸습니다.
북왕국 이스라엘을 대대로 불행으로 몰아넣은
그 악명 높은 "여로보암의 길"은
이렇게 시작되었습니다.

무엇을 두려워하는가,
주위에 어떤 사람들을 두고 사는가,
어떤 사람들의 말을 듣는가,
왜 그 말을 따르는가는 정말 중요합니다.

그것이 교회이건 나라이건
영향력이 큰 지도자일수록 더욱 그러합니다.
그 결과가 너무나 치명적이기 때문입니다.

여로보암의 길로 가지 않아야 하지만,
르호보암의 길로도 가지 않아야 합니다.
둘 다 그 핵심에는
자기 잇속이 둥지를 틀고 있습니다.

교회를 위하여 평생 고생하며 헌신한 목회자들이
은퇴 후의 생활 보장을 더 확실히 챙기려고
이런저런 추태를 부리며 사회의 지탄을 받는 것은
어리석은 짓입니다.

얼마 남지 않은 인생 편히 살아보자고
평생 쏟은 헌신과 그래서 얻은 명예에
그렇게 먹칠을 해버리는 것은
아무리 생각해도 어리석은 짓입니다.

그것은 목회자들이 어느 순간에라도
절대로 가지 말아야 할 길입니다.

하나님을
두려워하는 삶

하나님을 두려워하는 사람은
하나님 외에 아무것도 두려워하지 않게 되고,
하나님을 두려워하지 않는 사람은
하나님 외에
모든 것을 두려워하게 됩니다.

그러므로 사람을 두려워하는 것에서 해방되는
가장 확실한 방법은
하나님을 두려워하는 것입니다.

우리의 설교는 청중을 일으켜서 하나님 앞에 세워
하나님을 두려워하는 삶으로 이끄는 것입니다.
그리하여 이 땅에서의 모든 두려움에서 해방된
참자유인의 삶을 살게 하려는 것입니다.

그러므로 설교는 단순한 연설이 아니라,
　　　　　　하나님이 간여하시는 사건입니다.

우리 모습 돌아보기

평생을 남아공의 흑인 인종 차별과 맞서 싸운
80 노장의 데스몬드 투투 주교의 BBC 인터뷰를
보았습니다.
"지금까지 살아오면서 후회되는 일이 있습니까?"
주교는 즉각 대답하였습니다.
"예, 있습니다."

"우리가 옳다는 이유로 다른 사람들에게 너무 강하고
과격하게 대했던 것이 후회가 됩니다."

그 불의의 땅에서
정의의 편에 서느라 억울하고 분한
80년 세월을 살았으면서도
모든 진지함으로 그렇게 말하는
검은 얼굴의 늙은 주교의 모습을 보며
마음이 숙연해졌습니다.
그리고 인생을 또 한 수 배웠습니다.

우리는 우리가 옳은 신학의 전통에 서있다는 이유로
말도, 설교도, 태도도,
다른 사람에게 너무 사납고 과격한 것은 아닐까요?

고백

어느 길바닥 위에서 예수님은 가던 길을 멈추고
제자들에게 물으셨습니다.

"사람들이 나를 누구라 하느냐?"
제자들이 여기저기서 대답했습니다.
"세례 요한이라 합니다. 엘리야라 합니다.
예레미야라 합니다. 선지자 가운데 하나라고 합니다."
제3자가 되어 남이 하는 말 전해주고,
해설해 주는 것이야 누가 못해요?

잠자코 들으시던 예수님께서 제자들을 돌아보시며
다시 물으셨습니다.
"그러면, 너희에게는 내가 누구냐?"

예수님이 정말 묻고 싶은 것은 이것이었습니다.
그리고 정말 확인하고 싶은 것도
바로 이것이었습니다.
"너희에게는 내가 누구냐?"

모두의 입이 닫히고
갑자기 적막강산 같은 침묵이 흐르고 있는데,
조금 있다가 베드로가 입을 열었습니다.
"주는 그리스도시요,
살아 계신 하나님의 아들이십니다."
베드로의 그 말을 풀어 쓰면 이런 내용입니다.
"당신은 그리스도이십니다.
당신은 하나님의 아들이십니다."

설교는 남이 하는 말을 하는 것이 아니라,
자기가 믿는 바를 말하는 것이어야 합니다.
설교자는 자기가 설교하는 것에 대하여
제3자가 될 수 없습니다.

그런 점에서 설교는 증언이면서
      동시에 고백이기도 합니다.

우리의 살길

폭풍이 덮쳐오는
도망 길 배 위에서 붙잡힌 선지자에게
이방인 선원들이 던진 질문은 결국 두 가지였습니다.
"너는 누구냐?"
"너는 무슨 짓을 하였느냐?"

선지자는 그제라도 당당히 자기의 신분을 밝히고,
자신의 잘못을 솔직히 고백하였습니다.
"나는 히브리 사람이요,
하늘의 하나님 여호와를 경외하는 사람이다!"
"여호와의 얼굴을 피하는 나 때문에 벌어진 일이다!"

그리고,
각오하고 바다에 던져지기를 자청하였습니다.
"나를 들어 바다에 던지라!"

바다는 그에게 죽음이었습니다.
그러나 그것이 자살이거나
자포자기인 것은 아닙니다.
그것은 책임을 인정하는 것이고,
책임을 걸머지는 결단입니다.
그리고 하나님께 맡겨버리는 절대 의존입니다.

오늘날 이 사회가 교회에게 던져대는
질책성 질문도 그것입니다.

"너는 누구냐?"
"너는 무슨 짓을 하였느냐?"

우리의 살길도 거기에 있는지 모릅니다.
이제라도 당당히 신분을 밝히고,
잘못 살아온 짓을 솔직히 고백하고,
그리고 바다에 던져지는 것입니다.

그 다음은 하나님이 하실 것입니다.

복을 받아 잠시 더 머무르게 된 인생 길에서
우리가 시급히 할 일이 바로 이것입니다.

지금이라도
교회가 사는 길

그간 저지른 이런저런 비리와 물의 때문에
해체 대상으로 지목받으며 안팎에서
온갖 지탄을 받아온 단체가
다시 교회연합단체의 이름을 내세워
6·25 행사를 대대적으로 추진하여
실추된 기독교의 이미지를 회복하는
절호의 기회로 삼겠다는 발상은
전혀 신앙적이 아닙니다.

지금은 이념의 옷을 입고 권력과 결탁할 때가 아니라,
굵은 베옷을 입고 하나님께 엎드려야 할 때입니다.

지금이라도 교회가 사는 길은
주류가 되고 싶은 야망을 버리고
기꺼이 변두리가 되고,
기득권에 대한 집착을 털어버리고
바르게 살기 위하여
기꺼이 고생을 걸머지는 것입니다.

그리고 앞장 서야 할 가장 큰 책임이 있는 사람은
이 나라 교회의 설교자들입니다.

모욕당하는 작금의 현상들은
      설교한 대로 살지 않아서 생긴 일이니까요.

그 목사님이
지금도 감사합니다

정말 오래 전에,
기도원에 갔다가 목사님 한 분을 만났습니다.
목회를 제법 오래 했는데도
여전히 매 주일의 설교 준비가
너무 힘들고 부담스러워
이제는 쉽게 가고 싶은 마음이 든다하였습니다.

그래서 6만원 내고 회원 가입만 하면
필요한 설교를 때 맞춰 보내준다는
단체에 회원 가입을 할까 한다 하였습니다.

"목사님이 설교에 대한 부담을 내려놓고
쉽게 가기로 하는 순간부터
목사님 교회의 교인들은 죽기를 시작합니다."

간곡한 마음으로 눈물을 글썽이며 저는 말하였고,
목사님은 다시 부담을 걸머지고
쉽게 가는 길로 가지 않겠다 하였습니다.

저는 그 목사님이 지금도 감사합니다.
그리고 그 교회 교인들이 복스러워 보입니다.

그 강단에는
그 설교자를 세우신 뜻

성령께서 나를 그 강단에 세우신 의도는 어찌되었든 그 교회 교인들은 나를 통하여 말씀을 듣게 하시려고 그렇게 하신 것입니다. 부족할지라도 우리 교인들에게는 나를 통하여 말씀하시고자 하신다는 사실을 명심해야 합니다. 감상용으로, 혹은 감동용으로 인터넷이나 방송의 설교들을 들을 수는 있습니다. 그러나 그 교인들에게 정말 필요한 것은 그 교회의 설교자인 나 자신이 고민하고, 몸부림치고, 기도하면서 준비한 그 메시지가 필요하다는 것을 알아야 합니다. 그것이 성령께서 나를 그곳에 세운 의도입니다. 당장 효과 있어 보인다 하여 나의 눈물과 고민과 감동이 없이 밖에서 들여온 다른 사람의 완제품으로 나의 강단을 부담 없이 채워나가는 것은 매우 위험한 일입니다.

다른 사람의 설교를 그대로 베껴서 하거나, 혹은 일부분을 그대로 옮겨다 하는 것은 잘못이라고 합니다. 그것은 윤리적으로도 잘못된 것일 뿐 아니라, 심지어는 범죄 행위라고 분노하는 이들도 있습니다. 그러나 언제나 그렇지는 않습니다. 남의 설교의 일부를 나의 설교에 그대로 옮겨오거나, 혹은 남의 설교를 그대로 나의 설교로 다시 한다고 하여 언제나 그것이 잘못된 행위인 것은 아닙니다. 다른 설교자의 설교에서 내가 은혜를 받고 우리 교인들에게도 그 말씀을 들려주고 싶은 강한 욕구가 생기면 그렇게 할 수 있습니다. 그러나 이때 우리가 주의해야 할 것이 있습니다. 첫째는, 반드시 그 사실을 설교의 어디에선가 어떤 식으로든 밝혀야 한다는 것입니다. 둘째는, 그렇다할지라도 남의 설교를 그대로 옮겨서 하는 것을 습관적으로 해서는 안된다는 것입니다. 어떻게 해서든지 교인들이 은혜를 받게 하고 싶은 선한 열정이, 자신의 게으름과 무책임을 가리는 거짓된 방패막이로 점점 변질될 수 있는 위험한 일이기 때문입니다. 그리고 습관적으로 남의 설교를 가지고 설교하는 것은 설교자 자신에게도 결국 큰 해악이 됩니다.

그런데도 요즘에는 다른 사람의 소위 "뛰어난 설교"를 설교자가 필요한 시간에 따라, 용도에 따라, 본문에 따라 그때그때 제공해 주는 회사들이 생기고 있습니다. 그리고 상당수의 설교자들이 그 단체의 회원이 되어 일정액의 금액을 지불하고 그들이 제공하는 맞춤설교 서비스를 제공받고 있습니다. 하나님께서 그 강단에 그 설교자를 세우신 것은, 그 강단에서는 그 설교자를 통하여 자기 백성에게 말씀하시기 위해서입니다. 유명한 다른 설교자의 뛰어난 설교를 그대로 옮겨왔다 하여 모든 교인들이 언제나 은혜를 받는 것도 아닙니다. 어느 목사님이 설교를 잘못한다하여 교인들의 불만을 사고 결국 교회를 나가게 되었습니다. 그런데 그 목사님은 설교 못한다고 불만하던 교인들에게, "지금까지 내가 한 설교는 강남의 그 유명한 ○○○ 목사님의 설교를 그대로 한 것이었다"고 하시면서 교회를 떠나셨다는 떠돌아다니는 말을 들은 적도 있습니다.

나의 제자 가운데 상가 지하실에서 4-50명이 모이는 교회를 목회하는 목사님이 있습니다. 그 지하실 교회에 젊은 부부가 두어 달을 손님처럼 출석하더니 마침내 교인으로 등록을 하였습니다. 얼마 후 목사님의 심방을 받으며 그 부부는 "목사님, 저희 부부가 등록한 이유는요..." 하면서, 왜 그 지하실 교회에 등록을 하게 되었는지 사연을 털어놓았습니다. 그 부부는 교회를 잘 정하여 충성하고 싶어서 여러 교회들을 떠돌았습니다. 그러다가 어느 주일 오전에는 그 지역에서 제일 큰 I교회에 가서 K목사님 설교를 들었습니다. 저녁에는 책도 발간하신 유명한 S교회의 K목사님 설교를 들었습니다. 그런데 그날 예배를 드리고 나오면서 이 부부는 크게 시험이 들었습니다. 두 분 목사님의 설교가 본문부터 자기 경험담으로 이야기하는 예화까지 그 내용이 완전히 똑같은 것이었습니다. 그 남편은 말하기를 두 설교자의 설교가 토씨 하나 틀리지 않고 똑같았다고 했습니다. 그래서 지하실 교회, 작은 교회를 일부러 방문하였는데, 설교를 계속 듣는 중에 진실성이 느껴지고 열정이 있으신 것이 좋아서 내 제자의 지하실 교회에 등록하기로 결정하였다는 것이었습니다. 그들은 그 교회에서 신앙 생활하는 것을 흡족해 하면서 앞장서 교회를 섬기고 있습니다.

은혜도 못 끼치고, 매번 죽을 쑤는 내 설교보다 차라리 유명한 목사님의 잘된 설교를 전달하는 것이 교인들에게도 유익일 것 같아서 그랬노라는 말은 변명이 되지 않습니다. 그렇게까지 자신의 설교에 대하여 자신이 없으면 자기를 그 강단에 세우신 하나님 앞에서 생사 결단을 하여 확신과 자신감을 회복하든지, 끝까지 "내 설교로는 아니다" 싶으면 그곳을 떠나든지 해야 합니다. 그것이 설교자의 양심이요, 또 떳떳한 모습입니다.

비록 부족할지라도, 비록 다른 분들의 설교나 설교 자료들에 비하여 효과가 덜해 보일지라도, 우리 교인들에게는 나를 통하여 말씀하시고자 하신다는 사실을 명심해야 합니다. 하나님께서 자기 백성에게 하고자 하시는 그 말씀은 그 강단에 세운 그 설교자의 몸부림을 통하여 능력 있게 드러난다는 사실을 잊지 말아야 합니다.

진리를 말하는 사람

여호사밧은
하나님이 복 주실 일이 무엇인지를 말해주는 사람을
찾는 왕이었습니다.
아합은
자기가 하는 일을 하나님이 복 주실 일이라고
말해주는 사람을 찾는 왕이었습니다.

사백명의 선지자는 정권을 잡은 아합의 편에 서서
왕이 맞다 하고,
한 사람 미가야는
왕의 생각을 거스려 아니라고 하였습니다.

이념적으로 진보거나 좌파여서가 아니었습니다.
왕과 얽힌 원한이 있어서도 아니었습니다.
하나님의 말씀이 그러하기 때문이었습니다.
그 말을 했기 때문에
그 사람은 감옥에 갇혀야 했습니다.

진리를 말하는 한 사람보다
왕의 기분을 맞추느라 아부하는
사백 명의 말에 더 힘을 얻고 자기 길을 간 아합은
그 전쟁에서 비참한 모습으로 죽었고,
그것이 그의 최후였습니다.

다른 사람의 말을 듣는 자리에 있을 때는
내가 듣고 싶은 말만 골라서 해주는 사람을
가까이 두려는
유혹을 이겨야 합니다.
그렇지 않으면 잠간 기분 좋자고
평생을 모리배나 거짓 선지자에게 속으며
살게 됩니다.

다른 사람에게 말을 하는 자리에 있을 때는
사실이야 어찌됐든
그가 듣고 싶어 하는 말을 잽싸게 해주어
그의 기분을 맞춰주려는 유혹을 이겨야 합니다.

그렇지 않으면
잠시 이것저것 보장받으며 편하게 살자고
평생 사람 눈치 보며 비겁하게 살게 됩니다.

설교자가 가는 길이   꼭 그렇습니다.

시대를 내다보는 지도자

한 시대가 다음 세대로 견고히 이어지고,
역사가 지속적으로 진행되기 위해서는
영웅보다는 지도자가 필요합니다.
사사시대의 근본 문제도 바로 그것이었습니다.
사사들은
그 시대의 당면한 문제를 해결해주는
전쟁 영웅들이었지
그 시대의 정신을 지도하는 지도자들이 아니었습니다.
엄격히 말하면,
사사들은 이스라엘 백성이 전심으로 순종해야 할
영적 지도자이기보다
전쟁을 대행할 전쟁 전문가였습니다.
눈앞의 문제를 해결해줄 영웅도 필요합니다.
그러나
우리는 앞을 준비하는 지도자가 되어야 합니다.

현실에서 영웅적인 성취가 있는 지도자로
하나님이 세우시면
그것은 놀라운 은혜이지만,
언제나 지도자가 곧 영웅인 것은 아닙니다.

교회의 앞날을 걱정하며 오늘도 힘든 발걸음으로
교인들 몇을 모아 말씀을 가르치러 나서는
당신이야말로,
오늘도 길바닥에 나가 거부에 거부를 되받으면서도
어른이든 아이든 붙잡고
예수의 복음을 전하는 당신이야말로

                다음 시대를 내다보며 사는
                진정한 지도자입니다.

역사에서 배우지 않는 반역

벨사살은 느부갓네살의 아들이요
그의 왕위를 이어받은 바벨론의 왕이었습니다.

천명도 더 되는 귀인들을 어전으로 불러 모아
선왕 느부갓네살이
예루살렘 성전에서 탈취해왔던 그릇들을 가지고
자기들의 신들을 향하여 만세를 부르고 열광하며
술판을 벌였습니다.
그렇게 여호와를 한없이 능멸한 것입니다.

그때 갑자기 몸체는 보이지 않는 손가락들이 나타나
움직이더니
왕궁 벽에 글자를 쓰기 시작했습니다.

안하무인으로
방자하게 만세를 부르며 열광하던 술판이
죽은 듯이 조용해지고, 왕은 사색이 되었습니다.

결국 글자 해독을 위하여 다니엘이 불려나왔고,
다니엘이 그 글자들을 풀어내며 내놓은 메시지는
이것이었습니다.

"당신은 부친 느부갓네살 왕이
자기가 역사의 주인인 것처럼
그렇게 방자하게 행하다가
어떻게 내쫓겨서 짐승처럼 비참하게 살았는가를
잘 알고 있었습니다.
그럼에도 불구하고 당신은 그것으로부터
아무런 교훈을 받지 않았습니다.
당신은 오히려 느부갓네살이 했던 것과
똑같은 행동을 하였습니다.
당신의 결정적이고 흉악한 죄는 당신처럼 사는 자는
어떻게 되는가를

현장에서 보아놓고도 당신도 그 길로 간 것입니다.
당신은 이제 끝났습니다.
당신의 나라도 끝났고
당신의 인생도 끝났습니다."

벽에 쓰였던
"메네 메네 데겔 우바르신"이라는 글자는
인생을 이렇게 살아버린 사람에게 내리는
하나님의 심판 선언이었습니다.

그 날 밤, 벨사살 왕은 죽임을 당했습니다.
그리고 끝났습니다.

역사에서 배우지 않는 것은
결국 하나님에 대한 반역이 됩니다.
역사의 주인이신 하나님에게서
배우지 않는 것이기 때문입니다.

신명기 말미에 이스라엘을 향하여 간곡히 부탁했던
모세의 권면도 그것이었습니다.

"옛날을 기억하라,
역대의 연대를 생각하라.
네 아비에게 물으라,
네 어른들에게 물으라!"

설교는 교인들에게 이 역사를 말해주고,
이 역사에서 배우게 하는 일입니다.

그리하여
이 역사와 청중의 삶을 잇대어주는 것입니다.

역사의 주권자이신 하나님

"후대의 역사가 어떻게 평가하든 괘념치 않는다"는 말로
자신이 저지른 악행에 대하여 전 국민적으로 들끓는
분노와 질타를 조롱하듯 무시해버리는 것은
소위 전직 대통령이라는 자가 할 말은 아닙니다.

그것은 역사의 평가에 초연하는 어른스러움이 아니라,
짐승의 수준으로 자기를 비하하는 무모한 짓입니다.

후대 역사의 평가에 관심 없다는 그 말이
역사 앞에서, 역사의 주인이신 하나님 앞에서
얼마나 무서운 말인지 알아야 합니다.

역사를 무시할 수 없습니다.
지금의 진행도,
최후의 결과도 역사는 결국 하나님이
다스리시기 때문입니다.

하나님의 심판은 없는 것이 아니라,
다만 늦추어지고 있을 뿐입니다.

이렇게 놓고 보면,
이것은 다만 그 사람만의 이야기가 아닙니다.
한국교회 우리 모두의 이야기입니다.

우리가 설교를 한다는 것은 결국,
하나님이 역사를 진행하시고 있다는 것과
하나님이 마침내 역사를 심판하신다는 것을
선포하는 것으로 요약됩니다.

이 사실을 알기 때문에 우리는 가던 길의 끝에서
안도의 한숨을 쉬며 살아온 날들을
                      명예로워 할 수 있습니다.

영적 지도자

영웅은 현재의 문제를 해결해주지만,
지도자는 장차 닥칠 문제를 대비해줍니다.
그런 점에서 영웅은 현재에 산다면
지도자는 미래에 살아남게 됩니다.

많은 지도자들이 현실에서
외로운 길을 가는 연유가 거기에 있습니다.

영웅은 여론을 거느리고 다니지만,
지도자는 그 사람처럼 생각하고 싶고,
그 사람처럼 살고 싶어 하는,
헌신된 소수의 제자를 거느리고 살아갑니다.

영웅이 되고 싶은 유혹을 극복해야 하고,
영웅처럼 환대받고 싶은 유혹을 넘어서야 합니다.

목회자는 지도자,
그것도 영적 지도자이기 때문입니다.

그리고 그 지도력을 발휘하는 가장 결정적인 방편은
다름 아닌 말씀 사역입니다.

우리의 현장의 삶과 교회의 강단은
끝까지 말씀에 뿌리를 박고 있어야 합니다.

명의

교회를 마음껏 비판하고
교회는 이제 끝나버렸다는 식으로 속 시원하게
최후 판정을 내리는 것이야 누가 못하겠습니까?
그런 상태에 빠진 교회를
아직도 애정을 갖고
어떻게든 치유하며 되살려 보려는 것이 어렵지요.

명의는 진단을 잘 하는 것만이 아니라,
절망적인 환자를 어떻게든 살려내고야 말기 때문에
명의입니다.
의학적 가능성이 전혀 없는데도 길을 찾아보려고
신음하며 애쓰는 것은 그의 의술 때문이 아니라,
망가지고 있는
환자의 생명에 대한 애착심 때문입니다.

자신의 치료가 아무런 효험이 없는 환자를 만나면
밥도 잠도 없어지고,
그러다가 그냥 그대로 죽여 내보내게 되면

감당할 수 없는 죄책감과 고통에 시달린다는
어느 명의의 말을 TV에서 들은 적이 있습니다.

명의는 의술 때문에 되는 것이 아니라,
환자의 생명에 대한 그의 태도 때문에 된다는 것을
나는 그 때 알았습니다.

제발, 탁월한 판정자에서 한 걸음 나아가서
깊은 애정과 고뇌를 품은 명의가 되어 주십시오.

                    그래야 진정한 지도자입니다.

절망의 또 다른 얼굴

신자의 목적은
어떻게든 살아남는 데 있는 것이 아니라,
어떤 대가를 치르면서라도
신자가 되는 데 있습니다.

교회의 목적은
어떤 수를 써서라도
부흥하고 살아남는 데 있는 것이 아니라,
문을 닫고 망하는 한이 있어도
교회가 되는 데 있습니다.

그러나 강단이 신자가 무엇이며
교회가 무엇인가를 가르쳐주지 않으니
들어서 배우는 것이 없게 되고,

교회의 지도자들이 신자는 어떻게 살고
교회는 어떻게 사는 것인지를 보여주지 않으니
보고 배우는 것이 없게 되었습니다.

우리의 설교가
시급히 성경 본문을 말하는 설교로 돌아가서
교인들이 듣고 배우는 것이 있게 해야 하고,
우리 목회자들이
시급히 신자답고 교회답게 사는 일에
모든 것을 걸어서
보고 배우는 것이 있게 하는 것이 시급한 이유가
여기에 있습니다.

그 다음 일은 주님이 알아서 하실 일입니다.
그러므로 우리에게
절망의 또 다른 얼굴은 소망입니다.

누가 뭐라 하든, 세상이 어떻게 돌아가든
제대로 사역하다 주님 만나겠단 한맘 품고
고달픈 사역의 길을 묵묵히 가는
사랑하는 이들에게 하고 싶은 한마디는
이것입니다.

"앗싸!
YES!"

끝까지 가는 걸음

이렇게 서로가 서로에게 비정하고, 매섭고,
찌르고 짓누르는 세상에서,
아무리 외쳐도 듣는 이 없고,
아무리 애써도 변하는 이 없어 보이는
이 막막하고 허탄한 설교자의 현실에서,
때때로 설교에 대한 회의와 좌절과 상처가
휘몰아칩니다.

이런 세상인데, 이런 사람들인데,
설교가 무슨 효과가 있으며,
효과 없는 설교가 무슨 필요가 있단 말인가?
설교란 설교자의 밥벌이 수단일 뿐인 것인가?

훌훌 털고 구름 위로 올라가볼까, 손사래 치며 산속으로 줄행랑을 해볼까, 악당을 물리치는 열사가 되어 돈키호테의 긴 창을 손에 잡을까. 아니면, 인생은 이런 것이려니 운명으로 돌리고 정신적 노숙자로 안착을 할까.

그게 아니라고, 인생도 역사도 그런 게 아니라고
이곳에서 오늘을 살아내는 신앙이라고
나의 주님은 자꾸 말씀하십니다.

"의인은 믿음으로 말미암아 살리라!"
세상이 어떻게 뒤집어져도
신앙인은 제 갈 길을 간다는 말입니다.

"이들은 다 믿음을 따라 죽었다!"
죽을 때까지 믿음으로 살다가
때가 되어 죽었다는 말이지요.

"너는 말씀을 전파하라. 때를 얻든지 못 얻든지 항상 힘쓰라."
참 아들이라 부르던 디모데에게 유언처럼 주신
사도의 엄한 명령이었습니다.

"그가 어둠에 감추인 것들을 드러내고 마음의 뜻을
나타내시리니
그 때에 각 사람에게 하나님으로부터
칭찬이 있으리라."
흔들림 없이 한길을 가는 사도의 자존심이었습니다.

사도는 죽음이 임박한 어느 날,
사역자로 살아온 그 길의 끝에서
이렇게 개선 장군처럼 우뚝 섭니다.

"나는 선한 싸움을 싸우고,
나의 달려갈 길을 마치고,
믿음을 지켰다.
이제 후로는 나를 위하여 의의 면류관이 예비되었으니
내게만 아니라 주의 나타나심을 사모하는
모든 자에게도니라."

방황의 끝에서 마침내 닻처럼 내려지는 결론이
이것입니다.

무엇을 두려워하고, 무엇을 불안해하는가!
오늘, 여기서, 이 한 걸음을
말씀을 맡은 자의 길로 내딛었으면 그것이
보람이요 명예요 영광인 것인데!
그 이후에도 면류관이 내 몫으로 기다리고 있는데!

노익장 다니엘에게 하셨던 마지막 말씀은
언제나 나를 흥분시킵니다.

"Go your way till the end!"

"너는 끝까지 너의 길을 가라!
이는 네가 평안히 쉬다가 끝 날에는
네 몫을 누릴 것임이라!"

설교자로 산다는 것은 어떤 상황에서도
복입니다. 그리고 명예입니다.

"Go your way till the end!"

"너는 끝까지 너의 길을 가라!"

-단 12:13-